LA PRECARITE DE LONGUE DUREE DES FAMILLES MONOPARENTALES BENEFICIAIRES DU REVENU DE SOLIDARITE ACTIVE

Enquête sociologique au sein d'une population méconnue

MARIE-LOUISE ONGA'NTSANG

Marie-Louise ONGA'NTSANG

« Il faut rappeler avec fermeté que la protection sociale n'est pas seulement l'octroi de secours en faveur des plus démunis pour leur éviter une déchéance totale. Au sens fort du mot, elle est pour tous, la condition de base pour qu'ils puissent continuer d'appartenir à une société de semblables. » (Robert Castel, 2003)

Marie-Louise ONGA'NTSANG

REMERCIEMENTS

J'adresse tout d'abord mes remerciements aux familles concernées par cette étude. Sans la générosité qu'elles ont manifestée en m'ouvrant les portes de leurs espaces intimes, me confiant des informations personnelles liées à leurs histoires, cette étude n'aurait pu se faire.

A la responsable de l'action sociale de la CAF, ainsi qu'à l'ensemble des cadres de l'action sociale.

Enfin, une pensée à l'équipe de travailleurs sociaux de l'antenne sociale de la CAF, qui m'a servi de terrain d'études, pour leur relais dans les missions durant cette année intense mais ô combien formatrice et enrichissante. Sans leurs soutiens et leurs encouragements, cette étude n'aurait pas été ce qu'elle est. Il s'ajoute à leur apport, une série de critiques et de remarques dont la pertinence apporte un plus au déroulement de la réflexion.

Marie-Louise ONGA'NTSANG

SOMMAIRE

REMERCIEMENTS	5
SOMMAIRE	7
INTRODUCTION	11
Les Hypothèses	13
I. MONOPARENTALITE ET PRECARITE	15
Un sujet actuel	15
Précarité : de quoi parle-t-on ?	17
Les diverses approches sociologiques de la précarité	19
La précarité par le prisme du travail	19
Les approches sociologiques par les trajectoires	20
Une approche de la précarité par l'espace et les relations	21
Une approche par le stigmate	23
Les perspectives de la recherche	26
Pour un éclairage du concept de carrière de précarité (migratoire)	28
II. L'EVOLUTION DES MODELES FAMILIAUX ET L'EMERGENCE DES FAMILLES MONOPARENTALES	32
Qu'est-ce que la famille monoparentale ?	32
III. FAMILLE, PRECARITE ET ETAT	45
La relation famille, précarité et Etat	45
IV. UNE ANTENNE SOCIALE DE LA CAISSE D'ALLOCATIONS FAMILIALES DE L'ESSONNE COMME TERRAIN D'ETUDE	53
La présentation du terrain d'étude	54
De l'action sociale centrée sur les actions collectives à l'action sociale individuelle centrée sur la famille	55
Un terrain inhabituel	57
Présentation du cadre d'analyse de ce terrain	58
V. LES AVANTAGES DES METHODES QUALITATIVES	61
Le choix de l'entretien semi-directif	61
La posture du chercheur : Une approche par distanciation	62
VI. PRESENTATION DE LA POPULATION ETUDIEE	65
Présentation objective de la population	65
Construction de l'échantillon	67
VII. ANALYSE DES RESULTATS DE TERRAIN	68
VERIFICATION DE LA PREMIERE HYPOTHESE	68
Parcours migratoire et « carrière de précarité »	68
Reproduction du modèle familial	82
VERIFICATION DE LA DEUXIEME HYPOTHESE	97
Le cumul des handicaps sociaux	97
Les effets des grossesses successives sur le niveau de formation	98
Décohabitation parentale conflictuelle et rupture familiale	100
Début d'un parcours d'errance	102

CONCLUSION   **121**

    PRECONISATIONS   124

BIBLIOGRAPHIE   **127**

A PROPOS DE L'AUTEUR   **131**

A PROPOS DE CE LIVRE   **132**

La CAF n'entend donner aucune approbation, ni improbation aux opinions émises dans ce travail de recherche. Ces opinions doivent être considérées comme propres à leurs auteurs.

INTRODUCTION

Cette recherche s'intéresse à la relation entre la Famille et l'Etat pour comprendre les mécanismes qui régissent cette relation aujourd'hui. Cette thématique est abordée au travers de l'étude des familles monoparentales bénéficiaires du RSA qui cumulent des situations de précarité de longue durée. Ces familles bénéficient d'un accompagnement renforcé auprès de l'action sociale de la Caisse d'Allocations Familiales de (CAF) de l'Essonne. Les prestations sociales constituent la principale ressource du foyer.

Dans notre terrain d'étude, ces familles donnent à voir un rapprochement étroit entre la monoparentalité et la précarité. Cependant, il est important de souligner que toutes les familles monoparentales ne sont pas toutes concernées par la précarité. La diversité des familles monoparentales observées varie considérablement en fonction de leur trajectoire familiale, personnelle et professionnelle. « Selon le capital familial et social, la monoparentalité sera vécue et appréhendé différemment. Si ces familles apparaissent plus vulnérables socialement, elles le sont différemment selon les solidarités familiales ou publiques dont elles peuvent bénéficier » (Anne Eydoux, 2007. p.32).

Les familles monoparentales que nous observons présentent des conditions de vie plus difficiles que celles qui s'inscrivent dans une autre structure

11

familiale. Cela se manifeste par des difficultés plus accentuées et un cumul de celles-ci notamment au regard du logement, de l'accès au marché du travail, de la formation, de la faiblesse des revenus, de la fragilité des liens sociaux etc. Pour autant, et de manière générale, chaque famille monoparentale possède sa singularité et ses différences. Il n'existe pas d'archétype de familles monoparentales mais bien plusieurs.

Toutefois, dans notre terrain d'étude, les familles monoparentales enquêtées présentent de nombreuses similitudes : des fragilités liées à leurs trajectoires personnelles et familiales, des difficultés économiques, des expériences douloureuses, des parcours de vie difficile ponctués de ruptures familiales et personnelles, des difficultés d'insertion.

Pour ces dernières difficultés, nous avons fait le constat que plus une famille reste longtemps dans les dispositifs d'aide et éloignée du marché du travail, plus elle rencontre des difficultés à se réinsérer, par exemple par l'obtention d'un emploi. C'est pourquoi, leur situation de précarité de longue durée semble être un frein à l'insertion sociale. Les parents seuls, longtemps exclus de la vie active, que nous avons suivis dans le cadre de cette recherche, semble avoir peu de perspectives et de possibilités de sortir de leur situation de précarité.

Aussi réclament-elles un accompagnement social renforcé pour favoriser leur retour à une intégration sociale par l'emploi. Pour ces populations, il semble que la précarité de longue durée soit clairement un élément « d'exclusion sociale ». C'est la raison pour laquelle le but de cette recherche est d'analyser les facteurs qui ont conduit à une précarisation des familles monoparentales bénéficiaires du RSA. Pour y parvenir, nous posons la question de départ suivante : **pourquoi les familles monoparentales bénéficiaires du RSA,**

suivies par le service social de la Caisse d'Allocations familiales s'inscrivent-elles dans une précarité de longue durée ?

D'une part, il se loge derrière cette question la volonté de saisir les facteurs favorisant le maintien ou la sortie de situation de précarité de longue durée des familles monoparentales bénéficiaires du Revenu de solidarité active (RSA).

D'autre part, cette interrogation permet de questionner les effets des dispositifs publics d'aides sociales, car le RSA compte parmi les modes de régulation du lien social censés aider les bénéficiaires à sortir de la précarité. Or, ces familles s'ancrent dans une précarité de longue durée.

Les Hypothèses

Nous répondrons à cette interrogation à travers deux hypothèses :

La première repose sur l'idée selon laquelle certaines familles monoparentales engagent une « carrière de précarité » du fait de leur parcours migratoire et trouvent dans la précarité des outils leur permettant de s'insérer socialement et de manière progressive.

La seconde hypothèse défend l'idée que d'autres familles de nationalité française cumulent très tôt des handicaps sociaux qui les ancrent dans des situations de précarité.

Avant de vérifier ces éléments de réponses provisoires, il convient d'explorer la littérature qui aborde la question de la monoparentalité et de la précarité. Suite à quoi nous poserons les perspectives de la recherche.

L'ensemble de cette recherche se déclinera sous trois parties. La première repose sur la présentation du cadre théorique et conceptuel, la deuxième présente le cadre méthodologique et la troisième est centrée sur l'analyse des résultats de terrain. Nous intégrerons dans la conclusion l'analyse de notre thématique de départ, qui est la relation Famille et l'Etat.

I.   MONOPARENTALITE ET PRECARITE

Un sujet actuel

La question de la monoparentalité croisée à celle de la précarité n'est pas un sujet nouveau. Au vu du contexte socio-économique actuel en pleine mutation la monoparentalité associée à la précarité reste un sujet qui suscite de nombreux débats et attire l'attention des médias et des chercheurs. De nombreux ouvrages, rapports et reportages télévisés abordent ce phénomène grandissant dans les sociétés occidentales.

En effet, des auteurs comme Raymonde Séchet (2001-2002), Elisabeth Algava (2003), Letablier et Eydoux (2007), Gérard Neyrand et Patricia Rossi (2014), abordent cette thématique sous divers angles. Ces chercheurs analysent les évolutions de la famille sous divers points de vue. Ils s'intéressent soit aux changements des structures familiales, soit aux effets sociaux des divorces, ou encore aux recompositions familiales, ou bien aux difficultés rencontrées par les familles monoparentales.

Plusieurs rapports, notamment les familles monoparentales et la pauvreté (2001-2002), Les familles monoparentales : des caractéristiques liées à leur histoire matrimoniale (2003), les familles monoparentales en France (2007),

15

Femmes et précarité (2013), remis au gouvernement depuis les années 2000 soulignent la paupérisation et la précarisation des « parents isolés » et notamment des mères de familles monoparentales. Plus précisément, ces études insistent sur le risque de précarisation plus élevé chez ces familles, qui regroupent des conditions de vie plus difficiles et des précarités cumulatives pour les mères isolées les plus fragiles.

Les études susmentionnées font ressortir l'exposition importante à la pauvreté monétaire pour ces familles, mais aussi la problématique cruciale du logement et une plus grande fragilité sur le marché du travail. Ces travaux mettent également en évidence la vulnérabilité économique et sociale des familles monoparentales précaires malgré les dispositifs d'aide publique et d'accompagnement.

Dans cet ordre d'idée figurent des travaux de chercheurs comme Anne Eydoux, (2007), Marie-Thérèse Letablier (2011), Jean-Hugues Déchaux (2009), Maryse Bresson (2007), Martine Ségalen et Agnès Martial (2013) qui voient clairement un lien étroit entre monoparentalité et précarité.

Ainsi Anne Eydoux (Ibid.) souligne que plus de la moitié des ménages pauvres compte des personnes seules ou des familles monoparentales. Ces familles sont largement majoritaires parmi les chefs de familles monoparentales. Leur exposition à la précarité ainsi que l'augmentation des situations de monoparentalité explique l'augmentation de la proportion de femmes dans la population pauvre (Observatoire national de la pauvreté et de l'exclusion sociale, 2006). Ce phénomène de pauvreté des familles monoparentales est accentué par l'augmentation sensible du nombre de femmes bénéficiaires de minima sociaux (Sénat, 2006).

Pour Letablier (2011), les familles monoparentales combinent des caractéristiques qui les exposent plus que les autres au risque de pauvreté et de précarité. Cette auteure affirme également qu'on « retrouve souvent ces familles en première ligne bénéficiaires de minima sociaux et qu'elles sont plus souvent que les autres confrontées au risque de pauvreté et de précarité sociale, un risque pris en compte de manière très variable selon le pays » (Letablier, Ibid. p : 6).

Pour Jean-Hugues Déchaux (2009), les risques de pauvreté se trouvent plus concentrés sur les mères isolées avec des enfants en bas-âges. « Il insiste également sur le fait qu'elles peinent aussi à concilier vie familiale et vie professionnelle, en particulier les plus jeunes avec des enfants en bas-âge (moins de 3 ans) » (Déchaux, Ibid.).

Mais la définition que ces auteurs apportent de la précarité, bien qu'intéressante reste d'un faible éclairage pour une part de notre objet, car elle est souvent cantonnée à l'emploi, le relationnel, l'affectif, les conditions matérielles. Il s'agit alors de questionner cette notion pour saisir les réalités économiques et sociales qu'elle recouvre et de repérer, parmi les diverses approches sociologiques de la précarité celles qui restent représentatives des réalités que nous observons. C'est ce que nous proposons de faire dans la section suivante.

Précarité : de quoi parle-t-on ?

La notion de précarité se rapproche parfois de notions telles que pauvreté et exclusion qui sont des catégories du sens commun. C'est pourquoi, nous la questionnons afin de comprendre ce que recouvre cette terminologie. Recouvre-t-elle les mêmes situations que la pauvreté et l'exclusion ? Est-ce qu'elle touche les mêmes populations ? En somme lorsqu'on parle de précarité de quoi parle-t-on ?

Un concept flou et insaisissable

Selon Régis Pierret (2013), la précarité est un concept fortement mobilisé dans la sociologie française. Il gagne l'intérêt des chercheurs et trouve une place dans le débat public à la suite des transformations contemporaines du monde du travail. La flexibilisation du marché du travail ainsi que l'émergence et la généralisation des formes d'emploi atypiques qui marquent les années 1980 ont pour conséquences de renforcer les inégalités (Mercure, 2001, 2003).

Dans plusieurs pays, et principalement en France, le concept de précarité est bien établi dans la rhétorique institutionnelle et médiatique, dans les représentations individuelles et collectives et dans les analyses sociologiques du monde du travail.

Mais certains auteurs dénoncent une application abusive de ce concept à des situations qui ne recouvrent pas, dans tous les pays, le contenu qu'on leur attribue. La précarité apparaît comme une catégorie qui recouvre les situations sociales à problème et concerne des populations mal pourvues en termes de statut, de revenu, d'accès à l'emploi et à l'éducation, au « risque » de dégradation de la situation sociale des individus et à l'« incertitude » de leur parcours de vie (Bresson, 2007).

Pour d'autres comme Robert Castel, la précarité désigne une déstabilisation générale de la société (Castel, 1995), pour Luc Boltanski et Ève Chiapello, la précarisation renvoie à un processus de dualisation du salariat et de segmentation du marché du travail (Boltanski et Chiapello, 1999), tandis que pour d'autres comme Chantal Nicole-Drancourt, la précarité renvoie aux

18

trajectoires fragmentées des personnes dans l'emploi (Nicole-Drancourt, 1990).

On a donc affaire à un concept floue, insaisissable, ce qui facilite son utilisation sans esprit critique dans les analyses sociologiques (Barbier, 2005) et nous conduit à repérer les diverses approches de la précarité.

Les diverses approches sociologiques de la précarité

La précarité par le prisme du travail

Appliqué au champ du travail, le concept de précarité comporte plusieurs dimensions et ses frontières sont arbitraires, impliquant une combinaison de facteurs comme l'instabilité, la discontinuité, l'incertitude, le manque de protection sociale (associé à un faible taux de syndicalisation), l'insécurité et la vulnérabilité économique (Rogers, 1989).

Divers auteurs (Beaud et Pialoux, 1999 ; Lévy, 2003 ; Eckert, 2003) ont donné des illustrations de ces phénomènes qui touchent prioritairement, mais pas exclusivement, les jeunes, les personnes non qualifiées et les femmes. Pour ces auteurs, ces catégories subissent, deux formes de précarité : *la précarité de l'emploi* liée à la nature juridique du contrat de travail et *la précarité du travail* qui se traduit par une absence d'intégration dans la communauté professionnelle, par un manque de reconnaissance salariale, par une non-satisfaction par rapport au poste occupé, etc. (Paugam, 1991).

Au-delà du lien avec l'emploi, la question des liens sociaux est également interrogée. Les travaux sociologiques français ont ainsi montré que la précarité ne peut être limitée à l'emploi, mais que tout un ensemble de critères doit être considéré.

19

Être en emploi, ou le seul statut de celui-ci, ne conditionne pas une situation dite précaire : l'intérêt du travail ou sa faible reconnaissance sont également des éléments déterminants. En outre, un précaire peut avoir un revenu stable (issu du travail) mais l'individu fait alors face à des problèmes de surendettement, des coupures d'eau et d'électricité et de logement.

Par ailleurs, nombreux sont les travaux ayant montré que les précaires ne sont pas coupés de tout lien familial et/ou affectif mais que leur réseau relationnel ne leur permet pas de sortir de leurs difficultés. Plusieurs recherches s'accordent sur un lien social en crise (au sens de « ce qui fait tenir les hommes ensemble » dans la société) par le délitement des cadres intégrateurs, notamment le travail. Toutefois, l'emploi et le travail sont désormais un intégrateur parmi d'autres.

Les approches sociologiques par les trajectoires

Les approches sociologiques par les trajectoires ont permis d'identifier quelques populations dites « à risques » de se retrouver en situation de précarité économique : les femmes au regard des discriminations qui perdurent sur le marché du travail ; les jeunes «massivement victimes des tensions sur le marché du travail» (Bresson, 2007, p. 60).

Le mérite de l'approche par les trajectoires est de souligner que « la précarité est désormais à penser en terme d'espace et de rompre avec le schéma explicatif ancien qui cherchait à comprendre la part de la responsabilité individuelle et des déterminismes sociaux. Le questionnement sur la précarité à partir de la division du travail tend à être remplacé par la question urbaine, les inégalités territoriales et les ségrégations spatiales. L'entrée par les processus permet ainsi de penser de manière dynamique l'articulation entre marché du travail, protection sociale, urbanisation, problème du logement, etc. » (Bresson, 2007, in Recherches et Prévisions, Sandrine Dauphin, p. 148).

Mais selon Sandrine Dauphin, cette approche reste incomplète si elle ne considère pas la dimension subjective de la précarisation, c'est-à-dire la manière dont les personnes vivent la précarité sur le plan du vécu et du sensible (dimension affective), des représentations, de la souffrance mentale.

Une approche de la précarité par l'espace et les relations

Le travail de Maryse Bresson retient toute notre attention, car il peut aisément se rapprocher avec notre population d'étude, les variables objectives de la précarité ne se traduisent pas uniquement en terme d'emploi, mais aussi de formation, de parcours professionnel, de trajectoire familiale, de santé, de lieu de résidence, etc.

Cette dimension spatiale et territoriale abordée par Bresson se confirme également avec notre population d'étude. En effet, la population observée habite en grande majorité dans les quartiers « prioritaires », classés Zone Urbaine Sensible (ZUS) bénéficiant des dispositifs Politique de la Ville (rénovation urbaine, démolition des grands ensembles, résidentialisation, etc.). Les familles observées sont pour la plupart locataires du parc social et l'on retrouve une concentration importante de familles monoparentales et de femmes issues de l'Afrique subsaharienne. En prenant appui sur l'approche par le territoire, il s'agit de dire que l'environnement résidentiel de notre population d'étude contribue à sa situation de précarité.

Pour terminer, l'auteure montre également que les « précaires » ne sont pas coupés de tout lien familial et/ou affectif mais que leur réseau relationnel ne leur permet pas de sortir de leurs difficultés. Pour Bresson, les personnes en situation de précarité devront mobiliser d'autres ressources en dehors de leur entourage familial pour sortir de leurs situations (réseau amical, tiers sociaux, etc.).

Par la fonction qu'elle confère aux réseaux relationnels n'intégrant pas les membres de la famille, elle se réfère à la théorie des liens faibles de Mark Granovetter (1973). Il explique la complémentarité des liens faibles et des liens forts dans une dimension professionnelle, dans le cadre d'une recherche d'emploi. Il décrit les liens forts comme des liens qui existent entre des individus appartenant à un même groupe familial. En revanche, il définit les liens faibles comme ceux qui lient des individus appartenant à deux groupes différents mais qui peuvent être susceptibles d'y apporter des nouvelles informations. Il peut s'agir, par exemple, de personnes extérieures à la famille, comme le réseau amical.

Granovetter souligne plus particulièrement l'importance des liens faibles qui peuvent s'avérer dans certains domaines plus appropriés et plus aidant que les liens forts. En effet, selon l'auteur, les liens forts peuvent à un moment donné être limités notamment pour la recherche d'emploi tandis que les liens faibles peuvent apporter de nouvelles informations et de nouveaux éléments pour faciliter la recherche d'emploi. « L'idée est que des réseaux denses de relations, comme ceux qui existent entre des individus ayant entre eux des liens forts (en termes de temps passé ensemble, de fréquence et d'intensité émotionnelle), font circuler une information largement redondante entre les membres du groupe, tandis que des liens faibles entre des individus appartenant à deux groupes de relations fortes sont, eux, susceptibles d'y introduire des informations nouvelles » (Mark Granovetter, 2001, p. 381).

Cette grille de lecture de Granovetter montre l'importance des liens faibles, surtout pour des individus traversant des périodes de vie difficiles. Cette approche de Granovetter trouve une application à notre population d'étude. A ce propos, nous verrons que les familles fragilisées par des expériences personnelles douloureuses trouvent souvent refuges auprès de la parenté ou du réseau amical. Pour les jeunes mères célibataires, elles cohabitent souvent chez leurs parents avec leurs enfants. Pour le cas des familles migrantes, au début de leur parcours migratoires, elles sont souvent hébergées par les membres de la communauté qui ne sont pas forcément des membres de leur famille, mais des personnes de leur entourage amical.

Si les solidarités familiales et amicales sont opérantes à certains niveaux : hébergement, mode de garde, aides financières ou alimentaires ponctuelles. La théorie des liens faibles qui favoriserait le retour à l'emploi semble difficilement applicable à notre population d'étude. Leur réseau amical semble peu porteur ou émancipateur dans le domaine professionnel.

Une approche par le stigmate

Bien que l'ensemble des auteurs sus-présenté n'aborde pas la question du « stigmate » (Goffman, 1963, p. 175). Cependant, l'analyse des auteurs sus-présentés comporte en creux cette idée. En effet, la monoparentalité alliée à la précarité ressort de leurs études comme étant un « stigmate ».

Pour notre population, le stigmate se traduit d'une part, par le regard négatif porté par leur entourage du fait qu'elle ne travaille pas et qu'elle demeure dans une situation de chômage de longue durée en étant bénéficiaires des aides sociales sans contribuer en retour. D'autre part, les stigmates sont apparents dans l'image que ces familles ont d'elles-mêmes. Pour la plupart d'entre-elles, les aides sociales leur permettent à peine de boucler les fins de mois. Elles sont alors contraintes de solliciter des aides complémentaires de type restos du cœur, tickets alimentaires ou épicerie sociale pour subvenir aux besoins alimentaires de leurs enfants.

Certaines familles associent ces aides subsidiaires comme une forme de charité, de mendicité qui les ancrent davantage dans leur situation de précarité. Elles éprouvent des sentiments contradictoires vis-à-vis de ces aides. D'un côté, elles les sollicitent pour éviter de se retrouver dans une situation encore plus critique et chaotique. D'un autre côté, elles ressentent honte et culpabilité à se retrouver avec des populations marginalisées de types SDF lors des distributions alimentaires. Par exemple, celles qui sont bénéficiaires des Restos du Cœur n'abordent pas le sujet avec leur entourage.

Goffman (Ibid.) décrit la stigmatisation comme un phénomène de société toujours d'actualité. Il distingue trois types de stigmates : les monstruosités du corps (les difformités), les tares du caractère (manque de volonté, de passions irrépressibles, etc.) et les stigmates tribaux (nationalité, religion). Les monstruosités du corps font références aux infirmités et apparences physiques hors normes (handicaps, obésité, anorexie, petite taille, etc.). Parmi les tares du caractère, Goffman cite le manque de volonté, les passions irrépressibles, les croyances égarées. Ces dernières formes de stigmates ont un caractère invisible. Le stigmate se construit à travers ce que Goffman nomme l'identité sociale virtuelle. Elle renvoie aux représentations, aux idées que les gens se font d'une catégorie (par exemple : les «chômeurs» sont des paresseux). L'identité sociale réelle, quant à elle, correspond au véritable profil de la personne. C'est lorsque l'écart entre identité sociale réelle et identité sociale virtuelle devient significatif que l'on parle de stigmatisation. Par exemple, le chômeur est considéré comme paresseux, profitant du système, alors qu'en réalité il n'a qu'un seul désir : retrouver du travail.

Dans ce cadre d'analyse, notre population d'étude semble également faire l'objet d'un stigmate. De part sa précarité de longue durée et son corollaire « d'assistanat », elle apparaît dans les esprits comme une catégorie profitant de la société sans lui apporter en retour. Dans cet ordre d'idée notre population serait porteuse de stigmate invisible relatif aux tares du caractère. En dehors du regard d'autrui, une part des familles monoparentales observées semble, en retour, intégrer cette idée. Tandis que d'autres familles monoparentales vivent difficilement ce stigmate et mobilisent des ressources pour sortir de cette précarité de longue durée. Ces éléments nous apportent un cadre éclairant tant pour ceux qui est des facteurs à l'origine de la précarité de longue durée que pour ce qui concerne les éléments déclencheurs de la sortie de la précarité.

L'appréhension de la précarité par des processus pluriels

Le schéma explicatif des processus pluriels invite à favoriser plusieurs approches pour mieux rendre compte de la complexité des situations de précarité. Cette approche est éclairante pour notre étude car elle pose la nécessité de combiner une approche quantitative, d'une part, afin de repérer des situations de précarité, de mieux connaître les profils des « populations à risques » et d'identifier des facteurs, et une approche qualitative, d'autre part, pour les vécus subjectifs et l'analyse des parcours.

En définitive, ces diverses approches sont riches d'informations sur la précarité. Elles permettent de savoir qu'il n'y a pas de définition exhaustive de la précarité mais plusieurs selon l'angle d'approche. Vis-à-vis de ces derniers, il s'agit de retenir celle qui semble plus représentative des réalités de terrain que nous étudions. C'est ce que nous allons faire dans la section suivante.

Les perspectives de la recherche : une approche par les processus dynamiques et pluriels

Bien que les différentes approches sus-présentées n'intègrent pas le dispositif publique de prise en charge de la précarité, notre objet se situe à la croisée des travaux de plusieurs auteurs tels que Martine Ségalen, Jean-Hugues Déchaux, François de Singly et Maryse Bresson.

Notre objet d'étude trouve ensuite un éclairage dans l'approche qu'offre Maryse Bresson de la précarité ainsi que dans celle qui privilégie les processus pluriels dans la compréhension de ce phénomène.

Les analyses de Martine Ségalen, Jean-Hugues Déchaux, François de Singly à propos des thématiques croisées familles monoparentales/précarité, sont éclairantes car elles offrent une historicité à notre objet d'étude. Elles préconisent pour comprendre les problématiques actuelles de la famille monoparentales d'inscrire l'émergence de ce type de modèle familial dans une histoire celle de l'évolution des modèles familiaux. Leurs analyses permettent de cerner les mutations qui marquent la famille depuis le 19ème siècle jusqu'à lors. Leurs travaux offrent les bases historiques permettant de penser la famille actuelle quel que soit le modèle familial dans lequel elle s'intègre. Par ailleurs, leurs conclusions permettent de comprendre que la cellule familiale est une catégorie socialement construite et évolutive. A l'instar des travaux de Robert Castel (1991), leurs conclusions permettent de faire le rapprochement entre les mutations économiques et sociales et les nouveaux modèles familiaux.

En ce qui concerne, les auteurs qui traitent de la précarité, notre objet trouve une prise avec les travaux de Bresson où elle souligne le poids de la spatialité parmi les facteurs de précarité. En effet, une dimension spatiale semble peser sur les familles observées. Concrètement sur notre terrain, cette dimension renvoie à l'environnement résidentiel, peu pourvu en termes de moyens de transports, de lieux de sociabilités, d'équipements, etc.

Reconnaître un poids déterminant à la spatialité parmi les facteurs de précarisation revient à reconnaître que la précarisation des familles monoparentales est entre autres liée au contexte urbain dans lequel vivent ces dernières. La prise en compte de l'environnement urbain dans lequel vit notre population d'étude nous permet de questionner la participation des diverses composantes de cet environnement dans les facteurs de précarisation de notre population d'étude. Il s'agit aussi d'interroger les liens dynamiques existants entre ces divers facteurs. Par conséquent, nous retenons également l'approche de la précarité par les processus pluriels. Cela revient à prendre en compte les ressources matérielles, les affiliations et les relations sociales, et les trajectoires des individus.

Par ailleurs, nous retenons également l'apport de Goffman sur la notion de stigmate. Elle conserve un caractère opératoire dans la compréhension de notre objet en renvoyant à certaines situations subjectives vécues par notre échantillon. C'est pourquoi, nous conservons cette notion qui sera déployée dans l'analyse des résultats.

Cependant, bien qu'intéressant l'ensemble des auteurs abordés éludent plusieurs dimensions de notre objet : le parcours migratoire d'une part de notre population d'étude et une dimension de carrière rappelant le concept de carrière sur le plan professionnel.

Pour un éclairage du concept de carrière de précarité (migratoire)

La notion de carrière renvoie dans le langage courant à l'idée de carrière professionnelle (au sens des successions de postes occupés) et souvent à l'idée d'ascension sociale (« faire carrière »). Emprunté au monde professionnel puis repris dans différents champs sociologues n'ayant pas trait au travail, le terme de carrière est pertinent dans notre étude parce qu'il désigne un processus dynamique, en mouvement et évolutif en fonction des rapports que l'individu entretient avec la société dans laquelle il agit.

Le concept de carrière retient toute notre attention car, il renvoie à l'idée d'évolution, de mobilité, d'étapes et de progression que connaissent les familles migrantes qui comptent parmi notre population d'étude. Ces familles ont été confrontées à différentes étapes (traversée de nombreux pays, statut juridique, etc.) depuis leur pays de départ jusqu'à celui d'arrivée, la France. Leur parcours migratoire a été jonché de difficultés et d'obstacles qu'elles ont tentés de surmonter pour arriver ici. Pour Martiniello et Rea (2011), les mouvements migratoires contemporains sont confrontés à une incertitude croissante, liée notamment aux politiques publiques de sécurisation et contrôle des frontières. La migration doit aussi compter avec le hasard, pendant la trajectoire migratoire ou durant le processus d'installation.

Dans cet ordre d'idée, nous proposons de repartir de la définition de carrière selon l'acception de Howard Becker dans Outsiders (1963). Dans son ouvrage Becker définit la carrière comme un processus de changement de statut ou de position. En d'autres termes, pour l'auteur, la carrière est un processus dynamique et changeant qui n'est pas fixé mais évolue dans le temps. Howard Becker emprunte ce concept à la sociologie du travail qui l'utilise principalement pour l'analyse de la mobilité professionnelle. Toutefois, le concept de carrière peut être applicable à d'autres champs et permet de comprendre divers phénomènes sociaux relatifs à l'adoption d'une identité, d'un genre de vie ou encore de comportements spécifiques (Martiniello et Rea, 2011).

Everett Hughes (1937) définit la carrière comme « le parcours ou progression d'une personne au cours de la vie (ou d'une partie donnée de celle-ci) » (Hughes, 1996, p. 175). Pour l'auteur, la notion de carrière renvoie à l'ordre dans lequel se déroule la vie des individus ainsi qu'aux changements psychologiques qui accompagnent chacune des étapes que l'individu est amené à traverser, cela en fonction du système social et de la période historique dans laquelle il s'inscrit.

Par rapport aux auteurs précédemment cités, Ulf Hannerz (1983) va plus loin. Il définit la carrière comme une « organisation séquentielle des situations vécues » (Hannerz, Ibid. p. 333), donc comme une succession de phases. Car pour l'auteur les « situations vécues » se produisent dans des mondes sociaux multiples, il ajoute que la carrière est « l'agencement des domaines entre eux et la construction d'un mode de vie qui évolue avec le temps » (Hannerz, Ibid. p. 334).

Comme le témoigne les différentes acceptions sus-évoquées, nous avons volontairement choisi le concept de carrière, car il permet de saisir les logiques qui conduisent les familles migrantes à s'engager dans des carrières migratoires (entendues comme agencements des contextes sociaux, d'environnement en un mode de vie). L'agencement des différentes étapes sera vécu différemment en fonction des individus, des ressources personnelles, des réseaux familiaux et amicaux et de leur position respective dans le pays d'origine.

En effet, le cas des familles monoparentales migrantes réclame de tenir compte du processus de précarisation agissant depuis leur pays d'origine, depuis la phase de départ vers l'émigration jusqu'à lors. Partir du point de départ situé dans les pays d'origine pour penser la question sociale de l'immigration est un postulat (Sayad, 1985) auquel nous nous rattachons, car il semble former un élément essentiel à la compréhension des dynamiques économiques et sociales qui touchent les migrants dans leurs pays d'accueil. En tenant compte de leur parcours depuis leur pays d'origine, il est possible d'y observer des phases, des étapes, une évolution dans la précarité et un calcul de l'acteur dans son évolution dans une situation de crise, d'incertitude à laquelle il veut échapper.

Tenir compte du parcours migratoire pour une part des familles observées permet de replacer la situation de précarité de longue durée de ces populations dans un contexte migratoire, mais aussi dans un contexte territorial et politique plus large que celui de la France.

Ce concept fait sens avec les réalités quotidiennes vécues par les familles migrantes observées. L'idée de carrière permet de rendre compte des étapes, des mécanismes et des progressions mises en œuvre par ces familles dans leur parcours migratoires. Elles entament une carrière de précarité depuis le départ de leur pays d'origine jusqu'à leur arrivée dans le pays d'accueil. Leur migration est jalonnée d'étapes dans différents pays avant d'arriver en France. Durant leurs pérégrinations elles sont confrontées à des difficultés qu'elles surmontent encore pour la plupart de l'échantillon, dans le but d'en sortir.

En outre, le concept de carrière apporte un éclairage à l'étude des trajectoires immigrées : « d'une part, la carrière migratoire se construit objectivement par un parcours juridico-institutionnel et socio-économique et, d'autre part, elle se construit aussi subjectivement, en fonction de la confrontation entre les attentes de départ et les réalités vécues au travers du parcours migratoire. Cette dimension subjective donne une profondeur sociologique à la carrière, en tant que construction sociale et diachronique soumise au changement » (Martiniello et Rea, 2011).

II. L'EVOLUTION DES MODELES FAMILIAUX ET L'EMERGENCE DES FAMILLES MONOPARENTALES

Dans ce chapitre, nous explorerons les études relevant de la sociologie de la famille qui permettent de comprendre ce qu'est la famille et comment cette institution s'est construite. Dans un premier temps, nous interrogeons cette notion de famille pour comprendre son sens. Dans un deuxième temps, nous dresserons un rappel historique des transformations familiales en évoquant les fonctions de la famille traditionnelle jusqu'à l'émergence des familles dites modernes ou contemporaines. Enfin, nous reviendrons sur la famille monoparentale afin de mieux préciser ce que recouvre ce modèle. L'objectif est de savoir si la famille monoparentale s'inscrit dans les évolutions historiques des modèles familiaux ou si elle relève d'une autre forme de construction.

Qu'est-ce que la famille monoparentale ?

Il s'agit dans cette section de comprendre ce qu'est la famille monoparentale mais pour y parvenir la réponse suppose de soulever une autre question celle de savoir ce qu'est la famille. Car le terme monoparentalité pose question dans la mesure où il laisse entendre qu'il existe d'autres types de familles.

Qu'est-ce que la famille ?

Dans le Petit Robert, le terme « famille » vient du latin familia qui regroupe toutes les personnes, parents ou non, maîtres ou serviteurs, qui vivent sous le même toit. Il s'agit de l'ensemble des habitants de la maison. En Occident, la famille se fonde sur la relation de parenté. La parenté désigne à la fois les liens biologiques de filiation (individus qui descendent biologiquement les uns des autres et qui fondent la filiation, l'appartenance à une lignée) et les liens sociaux (Martine Segalen, 2002).

D'un point de vue sociologique, la famille est une unité sociale profondément dépendante de la société dans laquelle elle s'inscrit. Pour les enfants, la famille est la première instance de socialisation. De manière générale, la socialisation désigne «le processus par lequel on apprend et intériorise des modèles culturels, les normes et les valeurs qui nous permettent de nous intégrer dans la société» (Sciences Humaines, famille et socialisation, 2002).

La famille est également le lieu où se fabriquent les identités personnelles tant sur le plan des relations avec les autres que sur le plan des relations parentales. A travers le regard de l'autre et les échanges avec autrui se construit « le soi » de chacun de ses membres, adultes et enfants ainsi que le sentiment d'appartenance (François de Singly, 1996).

Pour Robert Neuburger (2005), la famille dispose de plusieurs niveaux de fonctionnement relativement autonomes et en relation. « Une famille est une unité fonctionnelle donnant confort et hygiène, un lieu de communication : matrice relationnelle pour l'individu, un lieu de stabilité malgré ou grâce aux changements que le groupe peut opérer et un lieu de constitution de l'identité individuelle et de transmission transgénérationnelle (la filiation)».

En définitive, la famille représente un groupe d'individus avec une histoire commune. Ces individus sont en relation les uns avec les autres comme le sont les éléments d'un système. Le système familial est une structure organisée où chaque membre, avec sa particularité, a un rôle, une place en son sein. Il relie les membres entre eux par un réseau de communication interne et environnemental ainsi que par un ensemble de règles qui fixe son fonctionnement. Cette définition de la famille en tant que système semble recouvrir l'idée d'une interdépendance entre les membres d'une famille. Cette supposée interdépendance pose question car elle suppose qu'un élément manquant mettrait à mal le fonctionnement de ce système. Or, il est habituel qu'à un moment donné de l'histoire d'une famille qu'un membre l'a quittée pour diverses raisons sans pour autant bouleverser son organisation.

Par conséquent, il convient de poursuivre la réflexion sur le sens de la famille. Pour cela, nous partons des années 1950-1960 car cette époque renvoie à des mutations sociales et économiques. Depuis les années 1960, l'institution familiale connaît des mutations profondes. La famille traditionnelle laisse progressivement la place à une pluralité de modèles familiaux, qui reflète la transformation des rapports entre les sexes et un nouvel équilibre entre autonomie individuelle et appartenance familiale (Segalen, Attias, 2002). Nous proposons donc d'analyser l'évolution de ces modèles.

L'évolution historique de la famille

Les travaux de Martine Ségalen et Agnès Martial (2013) permettent de comprendre l'évolution des modèles familiaux en partant de la famille traditionnelle. Par cette dernière terminologie, elles définissent la famille dite « traditionnelle » ou « élargie » comme un modèle familial qui prévalait dans le monde rural occidental jusqu'à la fin du XIXème siècle.

Dans ce modèle familial, les époux étaient unis par un mariage indissoluble et plusieurs générations vivaient sous le même toit : les époux, leurs enfants, leurs parents et souvent aussi leurs grands-parents. Les mariages étaient le plus souvent arrangés par la famille, la mère travaillait au foyer, le père exerçait l'autorité dans les relations quotidiennes et les enfants apparaissaient comme une force vive apportant leurs bras à l'économie familiale, et assurant l'avenir et la pérennité de ce groupe humain. De plus, les auteures soulignent qu'il existait une mortalité importante à cette époque, et qu'il n'était pas rare qu'un homme ait successivement plusieurs épouses et que des enfants de plusieurs lits cohabitent. Dans cette analyse, il ne convient pas de supposer qu'il existait déjà dans ce contexte de forte mortalité des structures familiales réduites aux enfants et à un seul adulte car les relations de parenté pouvaient combler le manque d'une certaine façon.

Le modèle de la famille traditionnelle a commencé à reculer avec les progrès de l'industrialisation, la migration vers les villes (exode rurale), et les obligations de la vie urbaine. Ces mouvements ont conduit à une dispersion des membres de la famille. La famille a donc commencé à se réduire, dans les villes, aux seuls époux et à leurs enfants. Mais cette famille plus réduite conservait encore un caractère traditionnel sur le plan de l'union des époux, de l'autorité paternelle, du travail au foyer de la mère, et de la présence de plusieurs enfants. Quand on fait référence aujourd'hui à «la famille traditionnelle», c'est en fait à cette forme déjà moderne de la famille nucléaire qu'on se réfère. La « vraie » famille traditionnelle, élargie, avec son autorité patriarcale et ses mariages régis par cette autorité a disparu depuis longtemps (Institute for Intercultural Dialogue Dynamics, 2015).

Des changements significatifs ont commencé à opérer à partir des années 1960-1975 avec une cassure de ce modèle familial jusqu'alors stable et solide, avec l'évolution des idées qui la marque sur le mariage, la sexualité, les rapports parents-enfants, la quête d'un épanouissement personnel. Face à ces changements de valeurs mais aussi aux transformations économiques et démographiques, la loi s'est adaptée. Successivement la contraception, puis l'avortement (dans certaines conditions) sont déclarés légitimes, et l'autorité est reconnue aux parents et non plus aux seuls pères.

Mais c'est surtout au cours des dernières décennies que le changement de la morphologie familiale s'est amplifié selon Jean Hugues Déchaux (2009). Ces changements concernent l'entrée des femmes dans le marché du travail, l'arrivée de la contraception, l'accès des jeunes filles à l'éducation et une baisse des mariages. Ces changements sont perçus comme déterminants dans la baisse de la fécondité et dans les transformations de modèles familiaux qui ont prévalu. Avec l'entrée de la contraception, les femmes ont la maîtrise de leur corps et de leur fécondité, contrairement à leurs prédécesseurs. Concernant le mariage, longtemps demeuré comme l'institution centrale de la famille, il n'a cessé de perdre du terrain. Selon Déchaux l'institution familiale connaît des modifications des calendriers familiaux, généralement marqués par la formation du couple qui précédait de peu l'arrivée de la première naissance.

La taille des ménages et des familles ne cesse de se réduire d'un recensement à l'autre (Cristofari et Labarthe, 2001). Le nombre moyen d'enfants par famille a reculé, passant de 2,16 en 1968 à 1,8 en 2005. Pour Déchaux (2009) on constate aussi un très net recul des familles nombreuses (trois enfants ou plus) : leur part dans l'ensemble des familles était de 28% en 1975, elle n'est plus que de 19% en 2005. Simultanément, le modèle de la femme au foyer, caractéristique de la famille « traditionnelle », devient marginal. En 2003, parmi les femmes de 15 à 59 ans vivant en couple, un quart sont au foyer, alors qu'elles étaient 60% en 1968. Le modèle le plus répandu est désormais celui de la femme qui mène de front activité professionnelle et responsabilités familiales. Exercer une profession est devenu si banal qu'il est exceptionnel

36

qu'une femme reste au foyer toute sa vie (Déchaux, 2009 : p. 14). Au vu des diverses transformations que connaît la famille traditionnelle, nous pouvons supposer qu'il se tissait déjà entre les années 1960-1975, des prémices à l'émergence de la famille monoparentale. Pour en saisir davantage les traits, il importe d'aller voir du côté de l'émergence des modèles familiaux contemporains.

Emergence des familles modernes ou contemporaines

Quelles sont donc les caractéristiques de la famille dans la société contemporaine ?

A cette fin, nous nous basons sur l'ouvrage de François de Singly «Sociologie de la famille contemporaine ». Pour lui, dans les sociétés contemporaines, la famille est marquée par un double mouvement : une privatisation de la famille, en raison d'une relation plus grande portée à la qualité des relations interpersonnelles et une socialisation de ce groupe, du fait d'une plus grande intervention de l'Etat (De Singly, 1993).

Pour ce dernier, la famille est devenue de plus en plus un espace dans lequel les individus pensent protéger leur individualité. Mais la famille est aussi un «organe secondaire de l'Etat » car elle assure entre ces membres des pratiques solidaires. Mais lorsque ces solidarités ne sont plus opérantes, l'Etat intervient pour assurer une autre forme de solidarité.

Pour De Singly, la famille s'est resserrée sur elle-même. Les transformations économiques, sociales, politiques et juridiques ont libéré les individus des contraintes familiales, sociétales avec la baisse du poids de l'église, l'apparition du féminisme, et l'évolution des mentalités ont contribué à rendre les individus plus autonomes. Ainsi, s'est développée une tendance à l'individualisation entre les membres d'une famille en quête de liberté, d'autonomie et d'épanouissement personnel. L'individu n'existe plus au travers du groupe ou de la collectivité mais il devient sujet à part entière. Il revendique davantage sa singularité, son individualité. La famille devient un univers paritaire où les intérêts de chacun doivent être respectés sans empiéter sur les droits des autres (De Signly, 2005).

Bien que les individus soient plus indépendants et autonomes, ils restent liés entre eux. « Parenté et individualisme ne sont pas compatibles, mais complémentaires, voire compensatoires » (Segalen, Attias, 2002, p.18). Les échanges et les solidarités intergénérationnelles entre enfants, parents et grands-parents se sont resserrés mais à condition que certains principes soient respectés, notamment le sentiment d'indépendance et d'autonomie des membres du groupe familial. Les grands-parents quand ils sont présents, sont devenus le pivot des générations de part leur soutien financier et matériel apportés aux enfants et aux petits-enfants (notamment pendant les moments difficiles).

Les relations familiales occupent également une nouvelle place. Dans un contexte où la famille s'est resserrée sur elle-même dans l'espace privé, les membres de la famille ont de plus en plus d'intérêt à être ensemble, à partager des moments communs, à partager une intimité, à développer des liens d'ordre qualitatifs. La famille devient « rationnelle » en étant moins fondée sur l'autorité mais plus sur le sentiment, les liens affectifs et le partage d'émotions (De Singly, 2005). L'attachement est le lien sentimental se renforcent dans la constitution du couple (le rendant en même temps plus vulnérable) mais aussi dans la constitution de la famille avec les enfants. Au vu de l'analyse des auteurs suscités, nous observons que le modèle familial traditionnel connaît une réelle transformation dans le cadre urbain qui se traduit par une réduction significative de ses membres. Dans ce nouveau contexte urbain, la famille semble se réduire aux deux parents et leurs enfants. Cette évolution peut laisser supposer qu'à long terme la taille de cette nouvelle forme familiale aille en s'amenuisant. Il faut alors poursuivre l'analyse en observant cette fois ce que révèle la pluralité des modèles familiaux qui sur le plan de la famille, marque les années 1975 à nos jours.

Une pluralité de modèles familiaux

Il n'y existe plus un seul modèle familial, mais plusieurs modèles coexistent. Au-delà de la famille contemporaine ou nucléaire, il apparaît une pluralité de structures familiales dont l'émergence sur un cumul de facteurs : l'arrivée massive des femmes sur le marché du travail, l'augmentation du taux de divorce, l'apparition de la contraception et le droit à l'avortement, l'éducation des filles, etc. Ces modèles familiaux coexistant regroupe la famille recomposée, la famille monoparentale, les couples unis par le PACS, l'union libre (ou cohabitation), la famille homosexuelle, la famille d'adoption et la famille d'accueil.

En définitif, la famille « traditionnelle » connaît un déclin. De nouvelles formes de vie conjugale voient le jour, confirmant le fait que les structures familiales sont dynamiques et ne restent jamais durablement figées dans une configuration stable. Les familles ont ainsi évoluées, entrainant un développement d'autres types de familles dans lesquels figurent la famille monoparentale.

On assiste alors à une multiplication des familles monoparentales et recomposées. Le divorce ou la séparation sont devenus aujourd'hui le mode de constitution le plus commun de la famille monoparentale. Alors qu'au début des années 60, une famille monoparentale sur deux était issue du décès d'un des deux parents, ce n'est plus le cas que de 10% d'entre elles en 2005. Neuf familles sur dix le sont parce que les parents vivent séparément, une partie d'entre eux n'ont jamais vécu ensemble. « En dépit de l'essor de la garde alternée et bien que le rôle du père soit de plus en plus reconnu, les enfants vivent le plus souvent au foyer de leur mère : la part des hommes à la tête d'une famille monoparentale n'atteint que 15% en 2005 » (Déchaux, 2009 : 18). Mais cette analyse de l'apparition de la famille monoparentale ne permet de saisir les mécanismes de son émergence pour autant elle permet de dire que la famille monoparentale est un modèle familial actuel apparu dans un contexte de mutations sociales ou des facteurs cumulés (décès, séparations, etc.) ont favorisé l'apparition de nouveaux modèles familiaux. Si ces facteurs ont contribué à l'émergence de la famille monoparentale, le terme de monoparentalité n'est pas directement lié à ces facteurs car il renvoie à une catégorie construite. Voyons cette idée dans la section suivante.

La monoparentalité : une catégorie construite

Les familles monoparentales étant le plus souvent des familles féminines, les courants féministes nord-américains et leur diffusion en Europe ont contribué à leur reconnaissance en tant que catégorie familial. Ces courants dénoncent les représentations sociales du mariage, de la famille, et l'ordre social et familial qui en découle, ce qui a largement contribué à l'affirmation de la monoparentalité en tant que catégorie.

Apparue dans la littérature anglo-saxonne dans les années 1960 sous les appellations *"one-parent family"* ou *"single-parent family"* la notion de familles monoparentales a été diffusée en France dans les années 1970 avec pour objectif de réhabiliter l'image alors fortement dévalorisée des mères divorcées ou célibataires. La mise en place de l'allocation de parent isolé est un pas important dans cette reconnaissance (Drieskens, 2000).

Nadine Lefaucheur (1991), indique que dans le cas de la France le terme de « famille monoparentale » emprunté par des sociologues féministes au terme anglo-saxon *one parent family* a été substitué à celui des familles « à risques » ou familles « déviantes ». Alors que des changements importants de tous ordres, juridiques, démographiques, sociaux, idéologiques se développaient dans les années 1970, il n'était pas juste de réserver aux seuls ménages nucléaires le monopole de la « vraie » famille.

Nadine Lefaucheur observe en effet une continuité dans la construction sociale au long du XIXe siècle des diverses catégories des formes déviantes de la famille : des enfants abandonnés à la fille-mère, du bâtard à la famille monoparentale, c'est celle du risque social qui lui est attaché. Pendant des siècles en effet, la maternité hors mariage a été considérée comme une transgression de l'institution du mariage avec son cortège de déviances : illégitimité, avortement, infanticide ou abandon des nouveau-nés. La famille monoparentale a été construite comme une catégorie des risques familiaux, parce qu'elle était supposée produire de la délinquance.

Sous les termes « famille monoparentale », il était groupé une pluralité de configurations, la veuve et la femme célibataire ou divorcée, mères d'enfants et donc nouveaux « chefs » de famille. C'était en effet une révolution idéologique que d'englober dans la même catégorie des figures sociales de femmes si différentes : « le contenu donné au concept de famille a longtemps empêché d'embrasser dans un même regard la veuve éplorée, hissée par la douleur et la chasteté supposée au sommet de la hiérarchie de la dignité féminine près de la religieuse, et la fille-mère éhontée, disputant à la prostituée les derniers barreaux de l'indignité… Qu'un même terme puisse les englober était à proprement parler impensable » (Lefaucheur, 1975, p. 206-207).

C'est en 1979 que la CNAF a lancé des études sur les parents isolés et leur a consacré un numéro d'informations sociales. C'est à partir des années 1980, qu'apparaît la catégorie « famille monoparentale» dans un contexte où les recherches sur cette thématique se multiplient, ce qui a contribué à dé-stigmatiser cette population.

Plus précisément, la catégorie « famille monoparentale » a été introduite par l'INSEE dès 1981 dans sa nomenclature des « ménages-familles ».C'est finalement lors du recensement de 1982 que la famille monoparentale a remplacé dans la classification des ménages les "familles dont le chef est une femme (ou un homme) sans conjoint " (Martin-Papineau Nathalie, 2001, p. 377). L'augmentation des nouvelles structures familiales a conduit à une normalisation et banalisation de la catégorie familiale étudiée.

Au final, il coexiste plusieurs définitions de la famille monoparentale. Celle de l'INSEE apparaît comme la plus communément admise face à une définition administrative qui renvoie à la catégorie des « parents isolés » en tant que cible des politiques familiales. Ces deux définitions sont complémentaires mais présentent, néanmoins, des limites. En effet, le croisement des données issues des sources statistiques et administratives ne permet pas une vision ou une lisibilité harmonieuse des familles monoparentales, car les critères qui contribuent à les définir ne sont pas les mêmes.

Pour l'INSEE, les familles monoparentales désignent les ménages dans lesquels le parent vit seul sans conjoint avec un ou plusieurs enfant(s) âgé(s) de 25 ans, eux-mêmes célibataires et sans conjoint ni enfant, dans un logement ordinaire, sans qu'il y ait d'autres personnes partageant le même logement, qu'elles aient ou non un lien de parenté avec le parent isolé. Les Caisses d'Allocations Familiales (CAF) retiennent un critère d'isolement qui conduit à une définition différente de celle de l'INSEE. En premier lieu sont considérés comme parents isolés les personnes veuves, divorcées, séparées ou célibataires qui assument seules la charge effective et permanente d'un ou plusieurs enfants. Par ces critères, les CAF cherchent essentiellement à appréhender les personnes qui bénéficient du versement d'une prestation (allocation de parent isolé remplacée par la solidarité active majoré en 2009), alors que les enquêtes de l'INSEE privilégient le ménage vivant seul avec son enfant.

La reconnaissance des familles monoparentales a contribué à une réhabilitation d'une forme familiale ne comptant qu'un parent adulte et à la considérer dans les actions politiques, sociales et juridiques. La réhabilitation de ce modèle familiale a aussi permis de s'intéresser aux réalités vécues par ces familles et aux personnes à la tête de ces foyers.

Les caractéristiques actuelles de la famille monoparentale

La famille monoparentale comme nouveau modèle familial apparaît aujourd'hui comme une réalité essentiellement féminine (Observatoire national de la pauvreté et de l'exclusion sociale, 2006) [1]. Ces familles connaitraient deux fois plus que les autres des situations de précarité (Ibid.).

En dehors de la prédominance du genre féminin dans le phénomène de monoparentalité, il existe des typologies qui dressent des catégories de familles monoparentales intégrant d'autres catégories. C'est ce qui ressort dans la typologie que propose Marie-Thérèse Letablier. Elle parle de mères célibataires avec son ou ses enfants (maternité sans vie de couple antérieure), les mères adolescentes, les veufs et veuves précoces qui élèvent seuls leurs enfants, les parents séparés ou divorcés, et les pères élevant seuls des enfants.

---

[1]Observatoire des Inégalités, 2001-2002 ; Jean-Hugues Déchaux, 2007, p. 24.

Aujourd'hui, la monoparentalité a pris une place importante dans le paysage familial en France, car le nombre de familles monoparentales est en constante augmentation. Elles sont en majorité dirigées par des mères, et issues d'une séparation ou d'un divorce ou d'un couple non formé et n'ayant jamais vécu ensembles, alors qu'elles provenaient plus souvent d'un veuvage auparavant (Letablier, 2011).

Ce constat semble davantage marqué dans les milieux défavorisés et au sein des classes populaires. Pour Patricia Rossi (2014), le manque de capitaux symboliques et de maîtrise des codes dominants qui caractérise les mères peu qualifiées, sans insertion professionnelle stable et dont le mode de socialisation n'a pas différencié la sexualité de la procréation ne les a pas autorisées à élaborer un projet personnel de vie autonome.

Dans ce chapitre, nous avons tenté d'inscrire notre objet dans le cadre de la sociologie de la famille pour préciser ce que nous entendons par famille monoparentale mais aussi pour comprendre comment émerge ce modèle familial. Pour y venir nous avons soulevé un ensemble de questions relatif à ce qu'est la famille, à la manière dont elle a évolué sur le plan historique. Sur la base des réponses apportées il a été possible de cerner l'émergence de la famille monoparentale dans les dernières évolutions des modèles familiaux contemporains, de cerner également cette terminologie en tant que catégorie sociale qui renvoie à quelques caractéristiques telles qu'une féminisation importante de ce modèle touchée par la précarité.

III. FAMILLE, PRECARITE ET ETAT

Il s'agit ici d'interroger cette relation pour savoir pourquoi elle s'est constituée en relation précarité, famille et Etat. Pourquoi la relation famille et Etat se fait-elle par le prisme de la précarité et pourquoi l'Etat en est arrivé à proposer cette forme d'aide à un type de famille ? Nous trouvons une réponse à ces interrogations dans les travaux d'auteurs comme Serge Paugam et Robert Castel qui se sont intéressés à la régulation de la pauvreté.

La relation famille, précarité et Etat

La relation famille et Etat que nous étudions mobilise un cadre d'aide social qui transparait au travers de l'évocation du Revenu de solidarité active (RSA). Concrètement, sur notre terrain d'étude cela renvoie à l'accompagnement social effectué par les travailleurs sociaux de la CAF. Lors de la mise en place du RMI en 1988, le législateur a décidé d'accompagner cette allocation d'un volet insertion sociale pour aider les bénéficiaires à sortir de la précarité. Cette mission est donc confiée aux organismes sociaux tels que la CAF.

Paugam et Castel permettent de comprendre la relation famille précarité et Etat qui est une relation construite dans le temps. Pour comprendre la manière dont s'est construite cette relation, Serge Paugam invite à soulever une série de questions afférentes notamment aux raisons pour lesquelles l'Etat français décide de réguler la pauvreté par la loi du RMI à une période tardive lorsque d'autres pays comme le Danemark, l'Allemagne ou l'Angleterre avaient déjà voté des lois qui garantissaient un revenu minimal aux plus démunis.

Cette série d'interrogation nous est d'une grande utilité puisque les réponses apportées, bien qu'elles aient trait au RMI ne sont pas sans concerner le RSA et parce que RMI et RSA restent des modes de régulation du lien social et que l'un précède l'autre. S'attachant donc au RMI, Serge Paugam suggère de questionner les motifs pour lesquels il a fallu attendre la fin des années 1980 pour que soit voté en France la loi sur le revenu minimum d'insertion.

La réponse à cette question nécessite d'en ouvrir d'autres relatives aux motifs et aux conditions qui ont conduit les pouvoir publics à agir après plusieurs années de réflexion sur les politiques sociales en direction des plus démunis. Il s'agit notamment de savoir si la pauvreté est devenue plus insupportable pour l'ordre social que dans les années de plein emploi ? Les pauvres, avaient-ils plus de défenseurs ? Les mouvements caritatifs étaient-ils plus pressants sur les pouvoirs publics ? Les chercheurs étaient-ils plus sensibles à cette réalité et ont-ils davantage contribué par leurs travaux à rendre plus visibles les réalités de la pauvreté qu'ils n'avaient pu le faire jusque-là ?

Pour répondre à ces questions Paugam suggère d'accorder une attention particulière aux recherches et aux études sur la pauvreté qui ont été menées avant le vote de la loi, car elles traduisent les préoccupations sociales à l'égard de ce phénomène. Il préconise de considérer également l'univers symbolique dans lequel la pauvreté se construit : des faits de la vie quotidienne tels qu'enfant mort de froid, des jeunes sans famille à la rue. Mais Paugam précise, pour qu'il y ait régulation du lien social, il faut que les solutions négociées et appliquées contribuent à améliorer la participation des allocataires à la vie économique et sociale et à leur donner le sentiment d'être complémentaire

46

des autres hommes. Si, en dépit des actions engagées par la collectivité, aucune évolution par rapport à la situation antérieure n'est observable, on ne pourra pas parler de régulation. Pour mieux comprendre la spécificité des problèmes que les pouvoirs publics ont tenté de résoudre en instaurant le RMI, il faut remonter jusqu'aux 30 glorieuses pour dégager les formes de la pauvreté et de l'exclusion telles qu'elles sont apparues et telles qu'elles ont été combattues à cette époque. Paugam distingue trois phases de l'expérimentation du RMI: l'objectivation ; la conception et la mise en œuvre, et les effets.

L'objectivation renvoie à la phase lors de laquelle la collectivité prend conscience de certains dysfonctionnements sociaux. Cette phase permet de savoir comment naissent les problèmes sociaux, comment la société les repèrent, car lorsque l'Etat décide de mettre en place une politique sociale, c'est le plus souvent le résultat d'un long cheminement. En effet, précise Paugam, en amont de la décision, plusieurs acteurs sont intervenus pour défendre leur point de vue sur une question qui concerne tout à la fois, la justice sociale, l'intégration de la société et les droits de citoyens. Dans certains cas, des grands drames se sont produits et ont éveillé la conscience collective. Les médias les ont commentés et le débat a ainsi été lancé sur la place publique. L'Etat lui-même intervient de façon différente selon le contexte politique et les contraintes budgétaire auxquelles il est confronté. En 1988, la croissance du PIB français était de 4, 2% par rapport à l'année précédente, alors qu'elle n'atteignait que 1% au début des années 1980. Après la victoire de François Mitterrand à l'élection présidentielle de 1988, il convenait aussi au gouvernement socialiste de faire preuve de volonté de lutter contre la pauvreté. Le RMI a alors été considéré comme une grande loi sociale.

La conception concerne la phase où l'on débat sur les principes et sur les modalités concrètes de l'application. Cela se traduit par le fait que de nombreuses politiques sociales font l'objet de débats parlementaires que les sociologues ont intérêt à suivre et à analyser.

Questionner le contexte des 30 glorieuses

Durant ces 30 années de progrès économique et social, des formes extrêmes de pauvreté se sont maintenues. Elles ont été perçues, analysées et traitées au travers du prisme du logement. Les personnes désignées comme pauvres, c'est-à-dire comme faisant partie d'un groupe spécifique caractérisé par la pauvreté, sont avant tout, dans les années 50-60, celles qui n'ont pas de toit et qui sont logées dans des conditions misérables, dans des taudis ou dans des cités de transit. A cette époque de plein emploi, l'attention de la collectivité et de nombreuses institutions qui interviennent dans le champ se focalisent sur ces populations males logées. La réflexion sur le maintien des formes extrêmes de la pauvreté se confond avec le problème des taudis, des bidonvilles et des cités d'urgence encadrées par les travailleurs sociaux qui ont rendues visible le maintien dans la société riche des figures traditionnelles du sous-prolétariat.

L'univers symbolique des publics de la pauvreté

Ces symboles sont mobilisateurs et souvent utilisés par des groupes de pression. Pour exemple plus concret, Paugam cite les campagnes de l'abbé Pierre en faveur des sans-abris dans les années 1950 ou celles de Coluche à travers les « restaurants du cœur » dans les années 1980 se situent dans ce registre : elles s'appuient sur des faits objectifs (manque de logement, les difficultés à se nourrir) qui se transforme en enjeu social grâce à l'action conjuguée de personnes charismatiques et des médias.

Dans le champ social, les rapports de Gabriel Oheix (1981)[2] et du Père Joseph Wresinki ont contribué à rendre plus visibles ce problème social nouveau et de grande ampleur. Si Le rapport de G. Oheix, contre la pauvreté et la précarité, aborde les origines de la pauvreté et de la précarité et y présente 60 mesures pour les atténuer. C'est surtout le rapport « *Grande pauvreté et précarité économique et sociale»* qui marque une étape significative dans la lutte contre la pauvreté et l'exclusion sociale. Rédigé en 1987 par le prêtre fondateur de l'association ATD Quart Monde, Joseph Wresinski, ce rapport marque un tournant dans la constitution de cette nouvelle acception et contribue à des avancées législatives avec l'instauration du Revenu Minimum d'Insertion et de la Couverture Maladie Universelle (CMU).

La définition du Père Joseph Wresinski a particulièrement retenue notre attention, car elle présente les conséquences sur lesquelles la précarité peut déboucher : « *la précarité est l'absence d'une ou plusieurs des sécurités permettant aux personnes et aux familles d'assumer leurs responsabilités élémentaires et de jouir de leurs droits fondamentaux. L'insécurité qui en résulte peut être plus ou moins étendue et avoir des conséquences plus ou moins graves et définitives. Elle conduit le plus souvent à la grande pauvreté quand elle affecte plusieurs domaines de l'existence qu'elle tend à se prolonger dans le temps et devient persistante, qu'elle compromet gravement les chances de reconquérir ses droits et de réassumer ses responsabilités par soi-même dans un avenir prévisible»*[3].

---

[2] Rapport intitulé Contre la précarité et la pauvreté : 60 Propositions.
[3]J.WRESINSKI. Grande pauvreté et précarité économique et sociale. Paris, Journal Officiel, 1987, p 14.

J. Wresinski remarque que la composition de ces populations en situation de précarité s'est sensiblement modifiée, que la pauvreté affecte désormais beaucoup moins les personnes âgées, mais davantage d'isolés, souvent jeunes, et des familles monoparentales. Il ajoute aussi qu'il faut « y voir l'effet d'une déstabilisation induite par l'accélération des mutations de toute nature. La précarité s'inscrit alors dans une fragilisation des individus devenus plus vulnérables que par le passé » (Jean Wrezinski, 1987). Ce dernier précise en outre que les situations de précarité se développent lorsque les conditions concernant « le niveau socio-économique, l'habitat, les réserves financières, le niveau culturel, d'instruction et de qualification professionnelle, les moyens de participation associative, syndicale et politique » sont défavorables. Les sécurités dont il est question sont le travail, les revenus, le logement, l'accès aux soins, l'école et l'accès à l'instruction, l'accès à la culture, le lien familial, le lien social, etc.

Ce phénomène renvoie à des dysfonctionnements sociaux, mais il est aussi très souvent perçu comme la preuve de l'incapacité des pouvoirs publics à les atténuer. La pauvreté devient alors un phénomène de campagne. Tous les courants politiques engagés dans l'élection présidentielle de 1988 avaient inscrit dans leur programme la mise en place d'un revenu minimum pour les plus démunis.

La crise du logement des années 50

Dans les années 50, les exclus du logement sont nombreux. La France se relève péniblement de la guerre. Durant la libération on a construit, au nom de l'urgence, de nombreux logements provisoires dans les villes ayant subi de nombreuses destructions. L'exode rural est important et le nombre de logement s'avère insuffisant pour faire face à cette demande nouvelle. Les migrants d'origine rurale peinent à s'adapter aux normes de la société urbaines et industrielle. Les résultats du recensement de 1954 révèlent un fort décalage entre l'offre et la demande. A cette date, plus de 20% des ouvriers vivent dans des logements surpeuplés. La région parisienne regroupe environ 350 000 personnes considérées comme « non logées » c'est-à-dire en dehors de la législation protectrice. Il s'agit de ménages qui cohabitent avec leurs parents ou avec la parenté, ou encore chez d'autres personnes, ou qui vivent dans des hôtels sans cuisine ou dans des appartements meublés.

Les chercheurs restent sensibles à cette question du logement des plus défavorisés. L'équipe d'Economie et Humanisme en particulier, va lancer dans les années d'après-guerre de nombreuses enquêtes et proposer des méthodes concrètes d'observation et de recueil de données qui seront reprises par la suite par de nombreux organismes régionaux ou internationaux. C'est ainsi que le ministère de la reconstruction et de l'urbanisme mettra au point une « méthode d'enquête sur l'habitat défectueux ».

La prolifération de ces enquêtes a eu au moins deux conséquences : elles ont rendu plus visibles et plus compréhensive les faits, ce qui a contribué à la diffusion d'un message public sur la question du logement. Elles ont préparé l'intervention de l'état social pour corriger les inégalités jugées intolérables. La visibilité des mécanismes de l'exclusion du logement a pu conduire dans certains cas à souligner l'hétérogénéité de ces populations mal logés et à proposer des solutions différentes selon l'urgence des besoins et les difficultés rencontrées. En définitive, ces enquêtes aboutissent à des diagnostiques sur les formes possibles de l'intégration sociale en milieu urbain pour des populations qui rappellent parfois les figures traditionnelles du sous prolétariat.

Dans les années 1980, la pauvreté n'est pas exclusivement saisie par le filtre du logement. Elle est présente chaque fois que l'on évoque les effets de la crise. Elle est devenue le thème que l'on aborde sous tous les angles tant elle est l'expression d'une interrogation sur la cohésion de la société. Mais la société française connait de nouvelles réalités économiques qui créent des lignes de fracture, correspondent à une dégradation du marché de l'emploi, à diverse formes de chômage, à une multiplication des emplois périphériques à une fragilité des liens sociaux à l'instabilité du lien familial.

En ce qui concerne les effets du RMI il faut, pour en juger, prendre appui sur l'actualité économique et sociale actuel du pays. De nombreux indicateurs permettent de savoir que cette loi n'a pas fondamentalement changé les choses. Parmi ces indicateurs nous pouvons citer le vote et l'application de la loi sur le RSA.

En définitive, nous comprenons par ce détour historique que la relation famille précarité et Etat s'est construite au départ dans un contexte de plein emploi dans le temps et par le concours de faits, d'acteurs et de chercheurs divers qui ont permis la diffusion d'un message sur la pauvreté et une prise de conscience des acteurs politiques à un moment donné. Mais les personnes touchées par la pauvreté en question ne comptent pas exclusivement des familles puisque les pauvres dont il est question dans ce détour historique englobent diverses catégories sociales parmi lesquelles figurent des familles. Ainsi la relation qui lie les familles précaires à l'Etat s'inscrit avant tout dans un contexte de crise et de la régulation du lien social

IV. UNE ANTENNE SOCIALE DE LA CAISSE D'ALLOCATIONS FAMILIALES DE L'ESSONNE COMME TERRAIN D'ETUDE

Il s'agit dans cette partie d'aborder les spécificités du terrain d'étude. Ce terrain est particulier en ce sens où, il s'agit d'un organisme public et en même temps un lieu de rencontre institutionnel de prise en charge de la précarité. Ce lieu est le point de rencontre entre les familles monoparentales et les acteurs sociaux qui accompagnent ces familles au travers d'un accompagnement renforcé. Ces derniers sont légitimes pour le suivi des familles monoparentales bénéficiaires du RSA car depuis la mise en place du revenu minimum d'insertion (RMI) en 1988, le législateur a instauré un volet insertion qui permet aux familles de bénéficier d'un accompagnement global et renforcé. Cet accompagnement est réalisé par les travailleurs sociaux et maintenu dans le cadre du RSA.

Nous aborderons, par la suite, les caractéristiques de la population avec des données objectives (âge, nombre d'enfants, formation, durée dans le dispositif RSA, etc.). Ces familles s'inscrivent dans une précarité. Pour comprendre les logiques qui les inscrivent dans une précarité de longue durée, nous présenterons brièvement leurs caractéristiques certains éléments se référant à leurs structures familiales. Dans ce contexte, nous verrons que la précarité de

53

longue durée trouve son origine dans plusieurs aspects. Il existe des causes structurelles (contexte économique, chômage de longue durée, etc.) mais aussi des causes subjectives liées aux parcours des enquêtées et à leurs positions sociales.

Enfin, nous terminerons par présenter la méthodologie et les avantages des méthodes qualitatives utilisées qui ont permis de mieux saisir les logiques et les mécanismes dans les trajectoires personnelles et familiales de la population d'étude. Ces méthodes ont également permis d'appréhender les facteurs qui ont conduit à une précarité de longue durée des enquêtées.

La présentation du terrain d'étude

Notre terrain d'étude correspond à une antenne sociale qui regroupe des travailleurs sociaux de types assistants sociaux, conseillers en Economie Sociale et Familiale, un cadre de territoire qui fait la jonction entre l'équipe de travailleurs sociaux, etc. L'équipe regroupe 8 acteurs dont les actions couvrent l'ensemble d'une communauté d'agglomération dans l'Essonne[4].

Cette antenne est située à vingt-cinq kilomètres de Paris, dans le département de l'Essonne, au cœur d'un parc de logements sociaux. Cet environnement forme un secteur marqué par des réalités objectives liées aux inégalités économiques et sociales (fort taux de chômage, phénomène de concentration des catégories précaires, fort taux de déscolarisation, taux important de jeunes de moins de 25 ans). Cet espace fait l'objet d'un espace résidentiel des politiques de la ville.

---

[4] Pour des raisons de confidentialité, nous n'avons pas souhaité donner plus de détails sur le lieu exact de notre terrain d'étude.

La mission des travailleurs sociaux sur ce terrain d'étude est principalement liée à l'accompagnement social des familles monoparentales bénéficiaires du RSA ayant en charge un enfant de moins trois ans. Cela renvoie à un accompagnement renforcé des familles en question. Avant l'arrivée du RSA cette antenne était davantage centrée sur les actions de développement local. On peut se questionner sur les facteurs à l'origine de cette évolution. Les réponses à cette question semblent relever de facteurs contextuels que nous allons présenter ici-bas.

De l'action sociale centrée sur les actions collectives à l'action sociale individuelle centrée sur la famille

La compréhension de la relation actuelle entre la CAF et les familles s'inscrit dans une historicité qui réclame d'être évoquée. Nous proposons alors de tracer l'histoire de la CAF afin de mieux cerner cette relation.

Les études centrées sur l'histoire des CAF permettent de comprendre que l'émergence de cette institution est une conséquence du choc de la défaite de 1870. En effet, la guerre Franco-prussienne renvoie à un important déclin démographique, qui questionne le devenir de la France au point d'alimenter de nombreuses théories sur le déclin supposé du pays et favorise le développement d'une politique nataliste » (Frédéric Bizard, 2012).

A ce stade, la relation CAF et familles s'amorcent au travers des problématiques démographiques. Dans cette période « émerge avec le patronat et les courants familistes, les principaux piliers de la doctrine sociale et de l'église Romaine. Ces mouvements partagent le même objectif d'élévation de la natalité et sont favorables aux familles » (Ibid.). Mais durant cette période, il n'est pas encore question de CAF. Il ne s'agit que des prémices de son émergence. Il faut attendre la première guerre mondiale pour

55

que les courants natalistes et familistes unissent leurs efforts pour concourir à la création des allocations et l'institution du Code la Famille.

Officiellement en France, la dénomination Caisse d'Allocations Familiales naît en même temps que la sécurité sociale, par une ordonnance du 4 octobre 1945. Les pouvoirs publics mettent en œuvre différentes mesures de relance de la natalité, car la France connaît quelques années de déficit de naissances par rapport aux décès. Dans cette même période, l'Etat met aussi en place le code de la famille, dont les mesures visent ouvertement à favoriser la natalité (Michel Mesu, 1992). Ce code apporte de nouvelles mesures telles que « l'universalité » du bénéfice des allocations familiales à tous les Français et sans condition de ressources. Le code de la famille augmente aussi fortement le montant des prestations à partir du troisième enfant.

En définitif, l'histoire de la relation CAF et familles est étroitement liée à un contexte démographique en déclin dans un contexte après-guerre. En voulant soutenir l'institution familiale, les pouvoirs publics et les courants natalistes souhaitent en réalité protéger et d'une certaine façon entretenir les forces vives. Il ne s'agit pas de mesures volontaristes ou même paternalistes mais bien une logique « stratégique ». Or actuellement, les actions de la Caisse d'Allocations Familiales sont loin de ces logiques stratégiques et semblent davantage reposer sur une logique de réductions des inégalités entre les populations fragilisées et les nanties.

Les CAF concourent à deux missions prioritaires : aider les familles dans leur vie quotidienne et lutter contre les inégalités sociales, par le biais du versement de prestations familiales. Ces dernières versent mensuellement des prestations aux familles ayant à charge des enfants de moins de 20 ans. Mais elles regroupent aussi d'autres formes de prestations telles que le RSA auparavant nommé RMI. Mais pour revenir à la question de la famille, les allocations versées par la CAF concernent aussi bien les aides liées à la petite enfance, à la naissance d'un enfant (allocations familiales, allocation base, etc.), qu'à celles relatives à l'accès à un logement dans le parc privé ou social (aides aux logements).

La CAF intervient également en faveur des familles monoparentales et des personnes rencontrant des difficultés sociales en versant des prestations spécifiques pour ces publics fragilisés telles que le Revenu de Solidarité Active (RSA), l'Allocation Adulte Handicapé (AAH), l'allocation de soutien familial (ASF) pour le parent gardien qui ne perçoit aucune pension alimentaire de l'autre parent. La CAF est, depuis quelques décennies, confrontée à une montée de la précarité. Ce qui a conduit le département a délégué une partie de ces missions à l'action sociale de la CAF. Depuis la mise en place du RSA en juin 2009, la CAF assure l'accompagnement social des familles monoparentales bénéficiaires du RSA majoré ayant en charge des enfants de moins trois ans. Parallèlement, le département s'occupe des familles monoparentales bénéficiaires du RSA avec enfants de plus de trois ans. Notre recherche trouve une place dans le premier volet.

Il s'agit dans la section qui suit de présenter la conception que nous avons de ce terrain afin de permettre au lecteur de bien cerner la manière dont il est investi.

Un terrain inhabituel

L'action sociale de la CAF peut sembler original comme terrain d'étude car il renvoie non à un terrain à proprement parler dans lequel le chercheur doit s'immerger et se faire accepter pas sa population d'étude mais il renvoie

57

davantage à un cadre d'action politique et sociale dans lequel il est possible de rencontrer et de suivre des familles monoparentales en situation de précarité de longue durée.

Notre terrain conserve une dimension dynamique dans le sens où il commence par un cadre social à partir duquel notre échantillon est choisi. Il prend en considération les logements, le cadre résidentiel, les lieux qui interviennent dans le parcours de précarité des enquêtées.

En réalité, le terrain mobilise le champ de la socialisation résidentielle, car nous défendons l'idée selon laquelle le contexte environnemental agit sur les individus et peut favoriser la précarité de longue durée. Cette démarche s'inspire des auteurs comme Maryse Bresson (Op. Cit.), mais aussi Jean-Yves Authier. Ce dernier analyse les rapports qui ont lieu entre contexte et population. Ces recherches s'intéressent aux logiques socialisatrices qui se manifestent dans différents types d'espace et qui concernent plusieurs catégories de population. Elles se focalisent par exemple sur l'étude des populations « précaires plurielles » pour cerner les différentes dimensions des processus de précarisation mais également de sécurisation, des trajectoires des individus, leurs points communs comme les traits qui les différencient.

A partir de cette considération, notre terrain prend une dimension sociologique et s'inscrit dans le cadre des lieux qui sont envisagés comme des espaces de ségrégation, de relégation sociale.

Présentation du cadre d'analyse de ce terrain

En tenant compte de l'environnement résidentiel dans lequel notre population d'étude s'inscrit, il est possible de le définir sur la base des analyses sus-évoquées centrées sur les espaces de ségrégation. Ces lieux sont envisagés comme des espaces où les populations les plus défavorisées ne se répartissent pas uniformément dans l'espace urbain. Si l'on se réfère à l'Histoire, ces espaces sont comparables à des « ghettos » qui étaient auparavant désignés comme « le quartier réservé aux Juifs en Italie. Il s'agissait de lieu habité par une minorité séparée du reste de la société en situation de renfermement, ségrégation, état d'oppression ».

Même si la terminologie a changé, nous verrons que les mécanismes de relégation et de ségrégation sont toujours présents pour les catégories sociales les plus défavorisées. Ces catégories sociales se retrouvent reléguées en périphérie des villes. Ces réalités sont notamment visibles et marquées sur notre terrain d'étude.

Au vu des définitions sus-évoquées, cette antenne sociale de la CAF de l'Essonne s'apparente à un espace de ségrégation ethnique et social. L'antenne sociale est basée dans un quartier politique de la ville en Zone Urbaine Sensible qui recouvre l'un des plus importants parcs de logements sociaux de la ville. Ce quartier connaît une importante transformation urbaine du fait de la résidentialisation afin de réhabiliter un bâti dégradé et vieillissant.

Ce quartier concentre une population présentant des caractéristiques économiques, sociales et « ethniques » quasiment identiques. Les personnes qui vivent dans ce quartier sont majoritairement issues de la classe populaire avec une part importante d'ouvriers avec un faible niveau de qualification et de revenu. Partant de ce postulat, ces personnes sont davantage touchées et confrontées au chômage de masse et de longue durée. Lorsque ces dernières sont actives elles sont également plus sujettes aux emplois atypiques (CDD, CDI, CAE, temps-partiel, travail de nuit, etc.). En outre, les familles immigrées ou issues de l'immigration semblent surreprésentées dans ce quartier ainsi que les familles nombreuses et les familles monoparentales avec un taux de bénéficiaires de minima-sociaux et de prestations familiales plus élevé par rapport aux autres communes. Pour certaines familles en grandes difficultés les allocations constituent les principales ressources du foyer.

Sur le plan scolaire, les enfants issus de ces familles semblent davantage en difficultés scolaires avec un absentéisme et un échec scolaire plus élevés que la moyenne nationale. Dans ce cadre un réseau d'éducation prioritaire (REP) a été mis en place dans le collège, basé au milieu du quartier, en direction des élèves en difficultés scolaires. Ce réseau a établi un partenariat, avec les éducateurs de prévention de la ville, des actions sont effectuées pour sensibiliser les parents sur l'importance de l'école, de l'encadrement et du suivi scolaire de leurs enfants. Enfin, la délinquance juvénile semble plus marquée dans ce quartier et elle se caractérise par des actes d'incivilités tels des squats de halls d'immeuble, du tapage des jeunes déscolarisés ou au chômage, dégradations intempestives des parties communes et trafic dissimulé avec des interventions régulières des forces de l'ordre.

Pour toutes les raisons sus-évoquées, une attention particulière est portée dans ce quartier par les pouvoirs publics locales dans le cadre de la politique de la vie (résidentialisation, réseau d'éducation prioritaire, des gardiens résidant dans chaque bloc d'immeuble, etc.). Le bailleur social est très impliqué dans le quartier et réalise avec les associations locales et les locataires volontaires des actions d'appropriation du quartier et des espaces communs, dans le but de favoriser le lien social entre les habitants.

V. LES AVANTAGES DES METHODES QUALITATIVES

Nous verrons dans cette partie les choix méthodologiques que nous situons dans le cadre des méthodes qualitatives. Celles-ci semblent offrir, plus que les techniques d'enquête quantitative, la possibilité d'emprunter une démarche compréhensive permettant de comprendre de l'intérieur des phénomènes sociaux impliquant des trajectoires de vie, des parcours individuels et familiaux.

Le choix de l'entretien semi-directif

Nous avons choisi d'opérer par entretiens semi-directifs, car cette technique permet de comprendre les logiques et les mécanismes qui conduisent les familles monoparentales bénéficiaires du RSA à une situation de précarité.

De plus, l'entretien semi-directif offre une libre expression à l'enquêté(e). Cette technique reste propice au recueillement des récits de vie, des anecdotes, permet de cerner les parcours de vie et les trajectoires. Contrairement aux études quantitatives, l'objectif des études qualitatives n'est pas de mesurer, mais de comprendre le phénomène étudié de l'intérieur.

Les études qualitatives permettent de saisir les enchainements, les logiques de l'expérience des individus, et les interprétations qu'ils en font. Le discours de la personne est respecté, il garde sa dynamique propre et ses propres cadres de référence (Les méthodes qualitatives, Sophie Alami et al. ; 2013).

Par ailleurs, l'entretien semi-directif permet de glisser vers la méthode biographique (Ibid.) en invitant l'enquêté à faire le récit chronologique de la totalité de sa vie ou d'une partie, selon l'objectif poursuivi. En outre, l'entretien semi-directif autorise le chercheur à faire des relances et poser des questions pour limiter autant que possible l'interprétation.

L'intérêt du récit de vie

L'intérêt sociologique du récit de vie réside en effet dans cet ancrage subjectif : il s'agit de saisir les logiques d'action selon le sens même que l'acteur confère à sa trajectoire. Loin de singulariser les cas, la méthode du récit de vie permet de situer le réseau dans lequel le narrateur se positionne et d'inscrire les phénomènes sociaux dans un enchaînement de causes et d'effets. Le récit de vie permet de mettre en lumière les mécanismes sociaux dans lesquels les personnes sont prises et parmi lesquels figurent ceux relatifs à la précarisation. Par ailleurs, le récit de vie comme l'entretien semi-directif offre aux chercheurs la possibilité d'ajuster sa posture à la population étudiée.

La posture du chercheur : Une approche par distanciation

Exerçant dans le domaine social depuis plus de dix ans en tant qu'assistante sociale, nous sommes amenées à suivre régulièrement des familles monoparentales dans leur parcours de vie en les aidant à résoudre leurs difficultés sociales et à s'insérer dans le marché de l'emploi. Ce public nous est alors très familier, ce qui nous oblige à renouveler le rapport que nous avons longtemps entretenu avec lui afin de devenir d'une certaine façon étrangère à notre objet et d'élargir notre regard.

Il s'agit donc de dépasser la dimension de l'intervention sociale qui est de considérer l'usager face à un problème et d'essayer de le résoudre (François Héran, 1987). Comme le soulignent justement Michèle Giacobbi et Jean-Pierre Roux (1990), c'est contre la sociologie « spontanée » que le chercheur doit effectuer une rupture qui consiste bien à rompre avec les préjugés et les évidences».

Observations à découvert et posture distanciée

Les entretiens ont été menés à découvert. Les familles interrogées étaient systématiquement informées de notre démarche, dans la mesure où elles nous connaissent comme travailleur social de la Caisse d'Allocation Familiales. Il semblait primordial de les informer de notre démarche afin de prendre de la distanciation avec l'objet d'étude.

Nous informions les familles que la recherche portait sur les difficultés qu'elles rencontraient au quotidien et sur leurs parcours de vie. C'est pourquoi nous souhaitions les rencontrer à leur domicile, de préférence, dans un cadre non conventionnel où elles se sentiraient plus à l'aise de parler en toute liberté.

Solliciter ces familles dans le cadre de cette recherche a permis une inversion des rôles et de positionnement entre le « demandeur et le professionnel ». Effectivement, les personnes interrogées font appel aux services sociaux pour les aider à résoudre leurs difficultés. Or dans le cadre de cette étude, c'est le chercheur qui se met en position de demandeur en sollicitant leur aide. Au début, les personnes interrogées paraissaient surprises de notre démarche, mais très rapidement, elles étaient toutes volontaires et participatives.

Nous avons choisi d'opérer à découvert, car il s'agit de récit de vie et pour se livrer, les personnes doivent être en confiance. Cette démarche apporte à notre recherche une authenticité et une « profondeur » dans les échanges et cela permet également d'observer le langage corporel (non verbal) des personnes interviewées.

Les difficultés rencontrées et les dépassements

Il a fallu dépasser la dimension émotionnelle des entretiens et l'enregistrement permettait d'y pallier en prenant du recul lors de la retranscription. Par ailleurs, les moments de silence étaient difficiles à gérer, ce qui occasionnait des gènes et le besoin de combler les vides.

Connaître les familles dans un cadre institutionnel peut être un atout pour la recherche. Mais paradoxalement cet atout peut devenir une faiblesse, car les frontières d'intervention de l'apprenti chercheur et celles du travailleur social peuvent être floues et difficiles à cerner pour les familles interrogées, mais aussi pour le chercheur.

C'est pourquoi, nous tenions à les rencontrer chez elles, dans un autre cadre que celui institutionnel pour gommer la présence de l'institution de la CAF et observer la précarité sur le plan du logement, car nous considérons que la socialisation résidentielle peut contribuer aux mécanismes de précarisation.

Après avoir évoqué les techniques choisies pour interroger notre population d'étude, nous aborderons dans la section suivante cette population de manière objective ainsi que la manière dont l'échantillon s'est construit.

VI. PRESENTATION DE LA POPULATION ETUDIEE

Dans cette partie, nous présenterons des données objectives relatives aux domaines familiaux, sociaux et professionnels pour mieux appréhender notre population d'étude. Puis nous nous attarderons sur le choix opéré pour construire l'échantillon.

Présentation objective de la population

Objectivement, la population observée se compose essentiellement de personnes reçues lors des permanences sociales de la caisse d'allocation familiale. Elles sont principalement féminines avec en charge un ou plusieurs enfants en bas âge. Elles ont entre 18 et 40 ans et regroupe ainsi des personnes de différentes générations.

Ces dernières possèdent généralement un faible niveau de qualification, elles sont bénéficiaires d'aides sociales, le RSA constitue le seul revenu du foyer. La plupart d'entre elles résident dans un parc de logements sociaux.

Pour établir un profil objectif de notre population d'étude, nous avons sélectionné ces familles auprès d'un travailleur social de l'antenne sociale de la CAF, notre terrain d'étude. Nous avons réalisé un tableau qui comprend les critères suivants : type de ménages, sexe, âge du parent, âges des enfants,

65

situation professionnelle, catégorie socioprofessionnelle, niveau d'études et l'ancienneté dans le dispositif RSA.

Sur les 21 familles accompagnées par le travailleur social, les mères célibataires sont surreprésentées (15 sur 21). Vient en seconde position, les mères séparées (au nombre de 5) puis celles divorcées (1 famille).

Les mères célibataires n'ont jamais vécues avec le père de l'enfant. Leur âge varie entre 20 et 25 ans, elles sont relativement plus jeunes. Pour ces dernières, les enfants sont encore en bas âge (0 et 3 ans).

Les mères séparées ou divorcées sont nettement plus âgées que les mères célibataires, elles sont âgées de 30 à 40 ans. Trois d'entre elles ont chacune trois enfants à charge, et une autre famille en a quatre. Pour ces dernières, l'âge est variable entre les plus jeunes âgés de moins de trois ans, et les aînés des fratries âgés de 8 à 12 ans.

Au niveau des qualifications, la majorité des femmes ont arrêté leurs études en 3ème, fin de la scolarité obligatoire (12 sur 21). Viennent en seconde position, celles avec un niveau BEP/CAP (au nombre de 5), celles avec un niveau BTS (au nombre de 3). Puis, une mère ne possède aucun diplôme ni qualification. Il s'agit d'une famille migrante, originaire de l'Afrique de l'Ouest, qui n'a jamais été scolarisée dans son pays d'origine. Elle est illettrée et analphabète.

Toutes ces femmes sont sans emploi. Certaines ne possèdent pas d'expérience professionnelle, c'est valable pour certaines familles comme les migrantes et les jeunes mères. Elles relèvent de la catégorie socioprofessionnelle ouvrière ou employée non qualifiée.

Enfin la durée dans le dispositif RSA est de moins de trois ans pour 5 familles. La grande majorité des familles s'inscrit dans une précarité de longue durée comprise entre trois ans et dix ans (16 sur 21).

A cette étape de la recherche, nous resserrons notre échantillon en prenant en compte les familles qui s'inscrivent dans le dispositif RSA depuis plus de trois ans.

Construction de l'échantillon

Pour construire notre échantillon, nous avons sélectionné les familles qui s'inscrivent dans le dispositif RSA depuis plus de trois ans. Il s'agit de la deuxième catégorie évoquée ci-dessus (16 familles sur 21). Concrètement, nous sélectionnerons dix personnes afin d'obtenir une homogénéité des trajectoires familiales et personnelles mais aussi au niveau de l'âge, du nombre d'enfants, des origines, etc.

Nous mènerons une étude qualitative qui combinera entretiens et observations, pour tenter de comprendre les mécanismes qui favorisent la précarité de longue durée des familles monoparentales bénéficiaires du RSA. Afin de vérifier les éléments de réponses provisoires, nous avons réalisé une grille d'entretiens comprenant des questions semi-directives, dont les résultats sont exposés dans la partie suivante.

VII. ANALYSE DES RESULTATS DE TERRAIN

VERIFICATION DE LA PREMIERE HYPOTHESE

Parcours migratoire et « carrière de précarité » : Un facteur déterminant dans la précarité de longue durée.

Il s'agit dans cette partie de vérifier la première hypothèse selon laquelle certaines familles monoparentales s'engagent dans un parcours migratoire jonché d'étapes et de difficultés qu'elles devront surmonter pour arriver jusqu'au pays d'accueil, la France.

Les étapes préliminaires à la carrière de précarité :

Un contexte de départ en crise et déterminant

Il ressort d'une part des résultats de terrain un ensemble de données pouvant être perçu comme des facteurs de situations de précarité de longue durée de certaines familles monoparentales. Il s'agit de données biographiques en lien avec le pays d'origine des mères à la tête des familles concernées. La prise en compte de ces données revient à considérer que d'une part, le fait étudié peut s'expliquer par des situations passées vécues par les enquêtées. Certaines de ces situations sont éprouvées dans le pays d'origine et connaissent une évolution territoriale de type internationale qui aboutit en France. C'est une fois arrivée dans ce territoire et lorsque les enquêtées y sont prises en charges qu'elles rentrent dans une carrière de précarité.

Concrètement, certaines femmes connaissent des contextes de vie déstructurés. Ces contextes concernent des dimensions politiques, économiques et familiales qui se traduisent par des coups d'état, une situation d'insécurité dans le pays d'origine et des conséquences sur les familles des enquêtées, contraintes à se disperser. Dans ce cadre déstructuré, nous ne parlons pas encore de carrière de précarité car, il n'intervient aucune prise en charge institutionnelle, les personnes sont livrées à elles même et aux aléas de ce contexte, de plus, les enquêtées connaissent ces situations dans des territoires internationaux. Pour autant, cette période de la vie des concernées reste étroitement liée à la situation de précarité de longue durée que nous observons. Ce sont les situations vécues dans les divers contextes déstructurés qu'ont connues certaines femmes qui les ont conduites dans une carrière de précarité. Plusieurs cas rendent compte de cette idée et permettent de valider la première hypothèse. Les cas de Mme K et de Mme A, dont une part des discours permet de saisir l'idée sus développée, l'illustrent.

> « Là, je suis en France. Mais sinon, je suis originaire du Congo Kinshasa. J'ai quitté le Congo à l'âge de 18 ans et je suis arrivée en France à 20 ans. Mes parents sont mariés mais mon père est décédé. Mon père était responsable dans une grande société congolaise, qui fabriquait du savon. Ma mère ne travaille pas, elle fait rien. Avant, on avait une bonne situation au Congo. Mais avant la chute du pouvoir de l'ancien président, y'a plus rien. Les conditions de vie étaient devenues très difficiles.

On est 8 enfants : 6 filles et 2 garçons. Mes frères et sœurs ne font rien. Ils sont tous en Afrique. Je suis toute seule ici. Les 7 autres sont restés en Afrique et ils ne font rien. Le premier était dans un foyer, il a déjà accouché. Il a 3 enfants. Le deuxième, il ne travaille pas. Le troisième, il travaille mais il fait des petits trucs, des petits boulots quoi. L'autre là, il fait rien du tout.

Je ne peux pas tout le temps leur envoyer de l'argent. Moi aussi je suis là, il faut payer les factures, il faut payer ça. Il faut payer pour les enfants. Il faut donner les enfants à manger. Il faut aussi acheter les habits pour les enfants. J'ai mes charges aussi. Donc, je ne peux pas, à chaque fois, renvoyer, renvoyer l'argent. Seuls 2 sont mariés, les autres ne sont pas mariés et n'ont pas d'enfants. Je suis venue en France parce que mon père était directeur et on a dû fuir le gouvernement en place. Donc, j'étais partie, j'ai fait Brazzaville et Brazzaville jusqu'à ici. Normalement, toute la famille a quitté le Congo. Mais moi, je me suis retrouvée ici. Et dès que le calme est revenu, les membres de ma famille sont retournés à Kinshasa. Moi, je suis passée par plusieurs pays avant de m'installer ici. Après, quand le calme est revenu, tout le monde est retourné sauf moi, parce que je me suis retrouvé ici. Comme j'avais fui le pays, je n'avais plus de nouvelles de ma famille. Quand, j'ai retrouvé leur numéro, j'ai appris que mon papa était décédé. Avec ma mère, je parle mais pas souvent. J'avais 18 ans quand je suis partie de chez mes parents. Je suis passée par Brazzaville, en passant par le Gabon, le Maroc et la Turquie et tout et tout. Quand je suis arrivée en France, j'avais 20 ans et là j'ai 28 ans. Pendant deux ans, j'ai fait plusieurs pays ». **(Entretien de madame K, 28 ans, arrivée en France à 20 ans, 3 enfants, a bénéficié du RSA pendant 3 ans, elle est sortie du dispositif RSA depuis 2011. Elle occupe un poste d'agent de service hospitalier).**

Le discours qui précède, traduit bien l'idée d'étapes ou de contextes préliminaires à une carrière de précarité lorsque l'on connaît la suite du parcours migratoire de la concernée. Nous comprenons par les mots de Mme K que sa famille connaît des difficultés dans son pays d'origine. Celles-ci sont liées aux troubles armés et politiques qui y instaurent un climat d'insécurité et contraignent une partie de la population à fuir. A ce moment, la famille de Mme K connaît la dispersion. Mme K, fuit le Congo Kinshasa, vers le Congo Brazzaville, lorsque les autres membres de sa famille prennent d'autres destinations. Dès le pays d'origine Mme K et sa famille sont confrontés à des situations assez chaotiques qui ont déterminés son départ. Elle entame une dynamique de migration économique et politique, visant à construire une meilleure situation pour elle mais aussi pour sa parenté restée au pays. Lorsqu'elle décide de migrer, elle se déplace seule et donc avec une certaine vulnérabilité. Le passage dans divers pays avant d'arriver en France apparait comme une étape obligatoire de son parcours. Une étape qui la fait passer par Brazzaville, le Gabon, le Maroc, la Turquie et d'autres pays. Sur le propos elle nous dit ce qui suit :

> « C'était difficile. J'ai fait la Turquie, de la Turquie je suis arrivée en Grèce… (Madame se tait). C'est difficile, mais y'a des gens qui t'aident aussi. Dieu, Il donne toujours des gens qui t'aident. Après tout ce parcours et les nombreux pays, j'ai atterri en France à 20 ans…En Turquie, il y a des gens là-bas qui vous prennent pour dormir, c'est comme la mairie. Vous dormez là-bas pendant un à trois mois. C'est comme un hébergement d'urgence. Mais vous devez vous débrouiller tout seul pour chercher à manger. En plus, c'était compliqué parce qu'ils ne parlent pas français mais que le turc. Dès qu'on arrive en Turquie, il y a un interprète mis à disposition par la structure d'hébergement d'urgence, par exemple, comme ici, on appelle ça le 115. Là-bas, il y avait des solidarités entre les communautés sur place. Après pour trouver à manger c'était rien du tout ça. Depuis la Turquie, j'ai pris un bateau. Le trajet entre la Turquie et la Grèce c'est seulement 30 minutes. Nous étions même 100 personnes dans le bateau, certains avec des enfants en bas âge, des bébés. Il y avait même des femmes enceintes. Après en Grèce, je suis restée 9 mois. J'ai fait une demande d'asile en Grèce. Il y avait des papiers à remplir, et j'ai mis mon empreinte de doigt dans le papier. Ma demande d'asile n'a rien donné. Alors j'ai pris un bateau pour venir en France. Nous étions aussi très nombreux dans le bateau au moins 150 personnes. C'est tout un réseau de personnes qui font traverser les gens entres les différents pays. C'est dur parce qu'on peut mourir pendant la

traversée. On peut se noyer ». **(Entretien de madame K, 28 ans, arrivée en France à 20 ans, 3 enfants, a bénéficié du RSA pendant 3 ans, sortie du dispositif RSA depuis 2011. Elle occupe un poste d'agent de service hospitalier).**

Nous pouvons constater que lors des déplacements de Mme K, il commence à s'observer de mince début dans la carrière de précarité, notamment lors de son passage en Turquie, où elle parle d'une prise en charge institutionnelle, bien que limitée. Mais nous manquons de données sur les autres pays parcourus par Mme K pour parler de prémices de la carrière de précarité. C'est à son arrivée en France que semble débuter cette carrière. Son parcours migratoire sort d'une certaine pauvreté pour entrer dans une autre forme de pauvreté mais qui cette fois est prise en charge par l'Etat. Elle est insérée dans un dispositif d'aide et de suivi social, comme le rapporte son discours cité ci-dessous :

> « Quand je suis arrivée, on m'a conseillé d'aller à la mairie. La mairie m'a donné le numéro de l'assistante sociale. Dès que je suis arrivée j'ai rencontré l'assistante sociale, j'ai expliqué mon problème. L'assistante sociale, elle a pris moi et il m'a mise dans un foyer. Après, j'ai eu un suivi. Après, ils m'ont dit qu'il faut aller demander l'asile. J'étais partie à l'OFPRA pour demander l'asile. Dès que j'ai demandé l'asile, ils m'ont donné un foyer dans la province de Beauvais, dans le centre de demandeur d'asile. Dès que j'ai demandé l'asile, j'ai été placée dans un centre d'aide pour les demandeurs d'asile à Beauvais. J'ai introduit ma demande d'asile à Beauvais. Après, j'ai eu rendez-vous avec l'OFPRA. Mais malheureusement, ma demande d'asile a été refusée. Ils m'ont dit de faire recours. Et comme c'était le recours, ils m'ont dit qu'il fallait attendre la réponse pendant 9 mois. Et quand, j'ai introduit le recours, j'ai rencontré le papa de Josué, mon premier enfant ». **(Entretien de madame K, 28 ans, arrivée en France à 20 ans, 3 enfants, a bénéficié du RSA pendant 3 ans, sortie du dispositif RSA depuis 2011. Elle est agent de service hospitalier).**

Les éléments qui renvoient dans le discours de Mme K à la précarité sont constitutifs des dispositifs de précarité (Mairie, numéro de téléphone, assistante sociale, foyer) et assurent une certaine protection dont elle ne bénéficiait pas dans les précédentes étapes de son parcours. En effet, Madame K est directement prise en charge par les services sociaux qui lui assurent un logement, même provisoire, qui la protègent de nombreuses situations (comme ne pas dormir dehors,) lui remettent une somme d'argent, l'accompagnent dans ses démarches administratives Mais ce début dans la précarité semble freiner par des décisions administratives : premier refus de demande d'asile et deuxième refus pour le recours). A ce stade, c'est l'action de Mme K qui détermine l'évolution de son parcours, car suite à une rencontre amoureuse, elle tombe enceinte :

> « Quand j'ai fait le recours, j'ai rencontré le père de mon 1er enfant. C'est une amie en commun qui nous a présenté. Nous avons commencé à nous fréquenter. Il me parlait de mariage, de vivre ensemble. Et moi, j'ai dit oui ». **(Entretien de madame K, 28 ans, arrivée en France à 20 ans, 3 enfants, a bénéficié du RSA pendant 3 ans, sortie du dispositif RSA depuis 2011. Elle est agent de service hospitalier).**

L'extrait qui précède traduit l'entrée de l'enquêtée dans une autre étape dans la précarité. Cette étape passe par l'attente d'un enfant qui détermine la régularisation de Mme K et son intégration à la société française. A cette étape de son parcours dans la précarité, cette catégorie apparaît au vue du parcours de Mme K, comme un élément positif, qui amorce un mécanisme de sécurisation. Cette situation peut sembler contradictoire, dans le sens où elle rapproche deux mécanismes qui ont tendance à être opposés : un mécanisme de précarisation et un mécanisme de sécurisation. La situation de marginalisation voire d'anomie que vécu Mme K connaît une issue favorable grâce à l'entrée dans un dispositif de prise en charge de la précarité, comme le traduit son discours.

« Ca m'a trop aidé. Les services sociaux m'ont énormément aidé. Ils m'ont montré le chemin et après c'est à nous de trouver le courage pour avancer et faire les démarches. Ils ont été très importants pour moi, car ils m'ont aidé et m'ont soutenu à chaque fois. Il y a des gens, quand l'assistante sociale leur montre le chemin, ils ne font pas les démarches.

Ce sont les services sociaux qui m'ont aidé à obtenir mon titre de séjour, à obtenir un logement social et tout et tout. Maintenant, je suis en train de faire mon dossier de naturalisation. Les services sociaux te montrent le chemin mais c'est toi même qui prend le courage. Ce qui m'a permis de sortir du RSA, c'est le travail, la formation et l'aide des services sociaux (...) Auparavant, je ne travaillais pas. Je « mangeais » toujours le RSA. J'ai été bénéficiaire du RSA pendant 3 ans. Je suis sortie du RSA quand j'ai commencé à travailler. Je travaille comme agent de service hospitalier (ASH) en maison de retraite avec des personnes âgées. Ça fait 4 ans maintenant que je travaille.

Quand j'ai eu mes papiers, au début, j'ai bénéficié du RSA pendant 3 ans. Mais, je n'arrivais pas à vivre avec si peu. Le peu que j'avais, c'était à peine suffisant pour payer les factures et à manger. Avec le RSA, quand tu achètes à manger, tu es obligé de manger le même plat durant 4 à 5 jours. Parce que si tu veux manger un plat différent par jour, tu ne vas pas y arriver, c'est impossible avec le RSA. Tu ne peux pas manger comme tu veux. Avec le RSA, tu ne peux pas acheter des habits. Tu ne peux pas faire des achats comme tu veux, pour 100€ ou 150€. C'est limité l'argent, c'est très limité.

Mais quand tu as le travail, ce n'est pas limité. Tu vas prendre bien l'argent. Et puis, tu vas acheter des habits, tu vas faire même les cheveux. Tu vas manger même. Tu peux manger des plats différents chaque jour. Aujourd'hui, tu manges tel plat, après demain, tu prépares un autre plat. On peut acheter plus souvent à manger. En plus, quand on travaille, on peut mettre de l'argent de côté, 100€ ou 200€. C'est grâce au travail que j'ai pu sortir des difficultés. Je voulais travailler peu importe le poste (...) Parce que moi, je voulais travailler et comme je voulais absolument travailler, j'ai cherché du travail. J'ai d'abord débuté comme femme de chambre, après j'ai fait une formation d'auxiliaire de vie. Quand j'ai fini ma formation, j'ai cherché du travail. Quand j'ai trouvé du travail après j'ai commencé à travailler. C'est à partir de là, que ma vie à commencer à s'améliorer (…) L'accompagnement social m'a permis de voir plus clair au niveau administratif et par rapport aux démarches administratives. Par exemple : les demandes de place en crèche et le logement. Car, j'étais perdue au début avec toutes les démarches à faire.

Cela m'a également apporté un soulagement financier, car grâce au travailleur social, j'ai pu obtenir un logement social. Il a fait un courrier pour appuyer ma demande auprès de la commission d'attribution de logement. Et quand, j'ai enfin eu une réponse favorable, le travailleur social a effectué une demande d'aide financière pour meubler et équiper le logement, sans quoi, je n'avais rien dans le logement. Cette aide a été un énorme soulagement pour moi, car je n'avais rien. Ça m'aurait couté beaucoup d'argent et de dépenses (…) J'aime bien qu'on m'ouvre la porte pour me montrer le chemin, mais après c'est à nous d'avancer. Il ne faut pas attendre que les choses tombent du ciel. Les choses n'arrivent jamais toutes seules. C'est à nous de nous débrouiller si on veut que notre vie soit meilleure». **(Entretien de madame K, 28 ans, arrivée en France à 20 ans, 3 enfants, a bénéficié du RSA pendant 3 ans, sortie du dispositif RSA depuis 2011. Elle est agent de service hospitalier).**

Dans le dispositif de prise en charge, Mme K parvient à trouver les moyens qui lui permettent de faire évoluer sa situation. En même temps que ces moyens l'ancrent dans une précarité de longue durée, au moins trois ans avec son premier enfant. Ils lui permettent de construire un contexte dans lequel elle puise des ressources personnelles et impersonnelles relatives à la formation et à l'emploi. En d'autres termes, Après un parcours difficile, c'est en bénéficiant d'une prise en charge « complète », qui recouvre tous les domaines déterminants de la vie d'un individu (se loger, se nourrir, se vêtir et se former) que Mme K connaît ces débuts dans une longue carrière de précarité.

D'autres cas de figure viennent appuyer cette analyse et ainsi conforter notre première hypothèse. Il s'agit notamment du cas de Mme A dont une part du discours suit :

> « Pour ma famille, mes parents ont divorcé et ça été très difficile pour ma mère pour nous élever. Par contre, c'est ma grande sœur qui s'est mariée tôt, son mari avait un peu de l'argent. Alors c'est elle qui m'a élevée, qui m'a envoyé à l'école. Donc j'ai été élevé par ma grande sœur et ma mère en même temps. […] Quand mon père est parti, j'étais encore petite. J'avais 6 ans. Mon père travaillait en Afrique dans les mines d'or. Vraiment, il avait l'argent, on était riche ! On avait une grande maison. Franchement, mon père était riche, mais il n'a rien fait. Après, il a pris une deuxième femme. En plus, c'était une domestique qui travaillait pour ma mère. Mon père a eu des enfants avec elle. Alors mon père a pris tous les meubles dans la maison pour donner à sa nouvelle femme et nous on dormait par terre. Ma mère, elle vendait les sous-vêtements au marché. Elle était vendeuse. Quand mon père est parti, elle a dépensé tout son argent à cause de nous, pour nous élever. Moi, mon petit frère et mes deux sœurs, on a dû arrêter nos études parce qu'il n'y avait plus d'argent. Pour les études j'ai obtenu un diplôme de cuisine au Ghana, mais je ne connais pas le niveau en France. Ce n'est pas comme l'université, mais après j'ai dû arrêter mes études parce qu'il n'y avait pas l'argent pour continuer. J'étais petite quand mes parents ont divorcé, je ne me souviens même plus bien. Parce qu'on est 7 enfants et moi je suis l'avant dernière. Je suis sixième » **(Entretien de madame A, 29 ans, arrivée en France à 19 ans, 3 enfants, bénéficiaire du RSA depuis 2006).**

Bien que proche, les situations au départ des migrations qu'ont connu Mme K et de Mme A restent foncièrement différentes Elles ont toutes deux connus des environnements de vie déstructurés dans leur pays d'origine qui les ont conduites à fuir ce territoire. Mais les contextes de départs restent différents. Dans le premier cas, le caractère chaotique de l'environnement d'origine de Mme K est davantage politique et économique alors que celui que connaît la seconde est d'ordre familial et économique. En effet, Mme A évoque un contexte familial en crise : parents divorcés lors de sa jeune enfance, père employé, démissionnaire et polygame, mère vendeuses sans formation, devant éduquer seule les 7 enfants (déscolarisation brutale de ces derniers), alors que la première parle de coups d'état politique, exactions armées, dispersion familiale et migration. Malgré ces différences des contextes de départ, ils restent tous deux en lien avec ce que connaissent actuellement ces deux femmes en termes de précarité de longue durée. Ensuite, leur situation de précarité participe à un mécanisme de sécurisation qui n'est visible que lorsque l'on considère leur parcours migratoire. Il s'agit de Mme Mi dont une part du discours rapproche l'idée de précarité et de sécurité pour traduire une dimension complémentaire de ces deux termes. On peut ainsi lire :

« Pour moi, quand j'étais bénéficiaire du RSA, je l'ai pris plutôt comme un tremplin une chance, mais jamais comme une honte. Et c'est vrai parce que si je reprends les paroles d'un travailleur social, oui c'est une honte, pour une personne qui n'a pas d'ambitions, pour une personne qui ne veut vivre que dans ça. Parce que si c'est une honte pour les gens, pourquoi ne pas changer les choses, vous voyez un peu, non ?

J'ai côtoyé des gens qui disaient que percevoir le RSA, c'était une honte. Mais en fait, ces personnes se contentaient de ça. Parce que si c'est une honte pour eux, pourquoi ne pas changer les choses. Ce sont des gens qui ne voulaient rien faire, ils n'ont pas d'ambitions, pas de formation. Ils ne veulent rien faire. Ils ne veulent pas travailler. En fait, ils ne veulent rien.

C'est normal que ce soit une honte. Parce qu'à un moment donné, je ne sais pas si c'est la machine qui envoi ça chaque mois. Mais même la personne qui voit ça pendant des années, elle va dire, bah putain, pardon, (Madame rit) depuis cette personne a toujours le RSA, mais c'est pas possible. Je ne sais pas si c'est ça, mais la machine qui envoi toujours le RSA au même nom. Là, c'est une honte. On peut comprendre, 1 an, 2 ans, oui, mais des années et des années, là ce n'est pas possible.
Moi, par exemple, j'avais honte de rester chez ma sœur. Surtout, qu'elle est dans le quartier des bourgeois là-bas. Quand ses amis venaient les voir, par exemple en été, ils disaient à c'est ta sœur. Ta

sœur, elle est encore ici. Moi, ça m'arrivait d'entrer dans ma chambre et de m'enfermer avec ma fille. J'étais tellement mal à l'aise.

Par contre, ma sœur, ça ne la dérangeait pas du tout, qu'on vit chez elle. C'est moi, qui étais mal à l'aise et je ne voulais plus de cette condition. J'étais tellement mal à l'aise, que quand elle avait ces soirées, moi je fuyais, je venais chez ma tante. Parce que je n'en pouvais plus, les mêmes gens qui me voyaient et disaient, en plus, elle a un enfant aussi. Mais quand est-ce qu'elle va trouver un logement ? » **(Entretien de madame Mi, 37 ans, arrivée en France à 27 ans, 1 enfant, a bénéficié RSA pendant 3 ans, sortie du dispositif RSA depuis 2014. Elle occupe un poste d'agent de sécurité incendie).**

Dans le discours qui précède, la contradiction soulignée plus tôt, transparaît clairement. Dans les premiers termes de l'extrait, Mme Mi fait un rapprochement en termes positifs entre un symbole de précarité (le RSA) et l'idée de mobilité sociale, qu'elle traduit au travers du terme tremplin et qu'elle tient profondément éloigner d'une quelconque idée de marginalisation. Dans son propos, il semble se dégager une représentation des symboles de précarité qui prennent un sens subjectif selon la personne qui la vit. Les symboles de précarité seront vécus soit comme des éléments de précarisation soit comme des outils de sécurisation. L'une ou l'autre de ces représentations semble dans son discours déterminé par une dimension subjective qui tient au parcours de vie et à la motivation personnelle. L'extrait suivant vient conforter cette idée.

« Certains pensent que être bénéficiaire du RSA, c'est la honte, mais c'est la honte pour eux, lorsqu'ils ne veulent pas aller plus loin. Lorsqu'ils ne regardent pas plus loin. Lorsqu'ils ne se contentent que de ça. Ça c'est vraiment la honte parce qu'il ne compte que sur ça. Mais pour celui qui se dit, voilà, j'ai mon RSA, je suis dans des conditions qui ne me permettent pas de changer les choses. Mais plus tard, je vais changer la donne, ça c'est une chose et pour moi, je pense que c'est une chance. Parce qu'en fait, quand j'ai commencé à percevoir le RSA, je voulais qu'une chose, garder ma fille jusqu'à ses 1 ans. Après, l'assistante sociale m'a dit de faire une demande à la crèche. Je me suis dit qu'on la prenne ou pas à la crèche, je vais chercher par tous les moyens possibles à faire quelque chose, quoi. Au départ, je voulais d'abord trouver n'importe quel petit boulot là-bas, et après me former.

Franchement, le RSA je me dis à part si une personne est trop malade, un accident, je comprends. Mais je pense que pendant 3 ans ça peut aller. Au bout de trois ans, je pense que c'est vraiment de l'assistanat. Moi je trouve après. C'est ce que je pense en fait. C'est une chance qu'on nous aide mais je pense que la chance ne doit pas être éternelle. Parce qu'il y a des gens qui ont en besoin et y'aura ceux qui en auront toujours besoin. Mais ceux qui sont devant ne veulent pas laisser la place aux autres. A un moment, il n'y aura plus de sous pour personne. Et qui sait, on peut toujours retomber dans le RSA on ne sait jamais. Je ne souhaite ça à personne. Mais au moins, on doit montrer à la Caf que voilà, j'ai eu le RSA pendant un certain temps et après je suis sortie de là. Moi, je pense que les 600€ qu'on me donnait, maintenant on donne ça à une autre personne » **(Entretien de madame Mi, 37 ans, arrivée en France à 27 ans, 1 enfant, a bénéficié du RSA pendant 3 ans, sortie du dispositif RSA depuis 2014. Elle occupe un poste d'agent de sécurité incendie).**

Bien que différente des situations de Mme K et de Mme A, celle de Mme Mi est intéressante, car son discours fait ressortir les moyens mobilisés pour sortir de la précarité. Ces moyens regroupent des ressources personnelles, d'ordre familial, mais ont aussi trait à la volonté de l'individu, comme le rapporte une part de son discours, sous-présenté et relatif à sa sortie de la précarité.

« Mais ma sœur m'a dit que les boulots sans formation sont très très mal payés. Elle m'a conseillé de me former d'abord peu importe la formation que je voulais faire. Au départ, je voulais faire aide-soignante, mais c'est trop difficile quoi. Je n'aurai même pas pu le faire parce qu'il fallait d'abord travailler pour qu'on puisse financer, je pense. C'est une formation qui coûte plus de 4000€ quand même. Donc, après j'ai regardé et je me suis dit, je vais faire la formation sécurité incendie, vite fait là. Déjà la tenue ça me plait et c'est une formation vite fait, en 2 mois.

Moi, mon problème, c'était de trouver rapidement un logement en fait. Je voulais être autonome, ne plus être hébergée. Le même jour où ma fille a mis ses pieds à la crèche, moi j'ai commencé à chercher une école pour la formation. Sur internet, je cherchais. J'avais déjà trouvé une école à Viry-Châtillon. J'ai pris les formulaires. Et après, c'est comme ça qu'on m'a envoyé dans une structure qui accompagne dans les démarches professionnelles. Je devais d'abord valider mon projet professionnel afin d'obtenir le financement de la formation dans le cadre du RSA.

Mais dans cette structure, je me suis rendue compte que ça n'avançait pas. Alors, j'ai tenté ma chance à Pole emploi, et ça a marché. J'ai obtenu le financement intégral de ma formation agent de sécurité incendie» **(Entretien de madame Mi, 37 ans, arrivée en France à 27 ans, 1 enfant, a bénéficié du RSA pendant 3 ans, sortie du dispositif RSA depuis 2014. Elle est agent de sécurité incendie).**

Au-delà du concept de précarité que ces enquêtées permettre de repenser, leurs discours a tendance à rapprocher des symboliques qui sont habituellement mis en opposition pour traduire des situations ou des mécanismes distincts. C'est ce qui se produit avec le concept de stigmate qui ressort en creux dans leurs discours mais dont les sujets ne souhaitent pas subir le poids dans la longue durée, mais préfère inverser la tendance en faisant du regard extérieur et stigmatisant un tremplin. C'est ce que traduit une part de son discours sous-cité.

« Et la famille de son mari qui disait mais elle a un enfant pourquoi, elle ne peut pas aller à l'hôtel, des trucs comme ça. Si c'est dur, elle n'a qu'à donner l'enfant à son père. Mais qu'elle se débrouille. Vous voyez les trucs que j'entendais. Un moment donné, je m'enfermais dans ma chambre quand y'avait des réceptions. Pourtant, j'étais invitée mais ça me gênait. Je préférais rester seule dans la chambre avec ma fille. Parce que je n'en pouvais plus. C'est pour ça, je dis les gens qui disent que c'est une honte. Non, ce n'est pas vrai. Pour eux en vrai, ils aiment ça quoi. Vous savez même quand on est au RSA, si on veut on peut s'en sortir. ». **(Entretien de Madame Mi, 37 ans, arrivée en France à 27 ans, 1 enfant, a bénéficié du RSA pendant 3 ans, sortie du dispositif RSA depuis 2014. Elle est agent de sécurité incendie).**

Face au regard extérieur, Mme Mi vie son hébergement chez sa sœur, comme une honte seulement sous l'effet des propos de tierces personnes. Le regard des autres apparait comme un poids qu'elle ressent, mais dont elle veut se défaire. Cette volonté d'émancipation semble pour elle passer par son statut de bénéficiaire du RSA. Ainsi, même ce qui peut apparaître comme un objet de stigmatisation sociale est perçu comme un moyen de se redéfinir, même dans la précarité.

En définitive, le poids du contexte de départ dans la précarité de longue durée d'une part des enquêtées inscrites dans un parcours migratoire permet de poser un contexte de départ dont le poids apparait comme déterminant dans la formation des caractéristiques économiques et sociales d'une part des enquêtées.

Ce contexte recouvre de nombreux éléments qui semblent renforcer son poids dans la situation de précarité de certaines enquêtées. Ce contexte de départ ne signe pas encore l'entrée dans ce que nous nommons une carrière de précarité, mais fait émerger les prémices de cette entrée. Dans une approche déterministe, il n'est pas vain de considérer que ce lieu de départ est susceptible de déclencher à un moment donnée de la vie des enquêtés un ensemble de mécanismes sociaux qui favorise la précarisation (propre à l'idée de carrière de précarité de l'individu) selon le contexte national où il se trouve. Parmi ces mécanismes ayant une forte valeur explicative du fait étudié figure la reproduction du modèle familial. C'est ce que nous proposons d'aborder dans la section suivante.

Reproduction du modèle familial

Modèle familial en crise et successions de ruptures conjugales…

Par les deux titres qui précèdent il s'agit de dire ici que la reproduction du modèle familial hérité du pays d'origine semble à l'œuvre dans le parcours d'une enquêtée depuis son arrivée en France. Dans son pays d'origine, Mme A vivait dans le cadre d'une famille monoparentale, regroupant une mère et ses 7 enfants. Bien que la manière dont ce modèle familial s'est construite reste différente de la façon dont Mme A a construit sa famille, le résultat reste le même : une mère seule avec plus de 5 enfants à sa charge. Les informations recueillies sur le modèle familial d'origine de Mme A renseignent peu à propos de la manière dont ce modèle s'est construit, ce qui a déterminé sa forme. Nous savons par exemple que le père de Mme A s'est montré démissionnaire à l'égard de ses 7 enfants, mais nous ne savons pas les raisons de sa démission, bien que Mme A l'explique par l'attraction pour une autre femme. En revanche, des données afférentes à la manière dont Mme A s'est retrouvée seule adulte en France d'une famille regroupant 6 enfants ressortent. Voyons l'ensemble de ces données ci-dessous.

> « J'étais petite quand mes parents ont divorcé, je me souviens même plus bien. Parce qu'on est 7 enfants et moi je suis l'avant dernière. Je suis sixième. Euh ma mère, elle avait beaucoup de mal, elle était tombée malade, il y a beaucoup de choses qui s'étaient passées à cause de nous. A cause de ça, c'est ma grande sœur qui m'a payé mes études. Ma mère n'a jamais refait sa vie avec quelqu'un d'autre. Mais mon père, oui, c'est même à cause de quelqu'un d'autre, d'une autre femme, qu'ils se sont séparés [...].
>
> Mes parents sont toujours au Ghana. Mes 6 autres frères et sœurs aussi. Ils sont tous mariés avec des enfants. Il n'y a que moi et mon

petit frère qui ne sommes pas mariés. A part ça, les autres sont tous mariés et ils ont tous leurs familles […] On va dire qu'au Ghana, ce n'était pas comme ça avec les hommes. C'est quand, je suis arrivée en France en 2005. J'ai rencontré le père de ma fille ainée et quand je l'ai vu, je suis toute suite tombée enceinte […] Au début, je ne croyais pas que j'étais enceinte. Comme ça ne faisait pas longtemps que j'étais en France, je pensais que c'était à cause du changement […] Et comme je ne parlais pas bien le français au début. Et après, je ne savais pas qu'il avait une autre femme. Mais, je me suis dit, c'est mieux que je reste avec lui, comme je ne parle pas bien le français et que je ne connais personne. Quand ma fille est née, il l'a quand même reconnue puis après il est parti. Il m'a dit qu'il ne voulait pas rester avec moi.

Depuis, je n'ai plus de nouvelles, je ne sais pas où il est […] En 2007-2008, j'ai rencontré le père de mon second fils, Loïc. Lui, aussi, nous sommes restés un an ensemble. Au début, il voulait que si je tombe enceinte, il était d'accord pour que je tombe enceinte. Mais quand, je lui ai annoncé que j'étais enceinte, il m'a dit qu'il n'était pas prêt à assumer. Pourtant, il a ses papiers, il est français et tout. Il travaille, il a sa maison, mais bon ! Je ne sais pas, si c'est sa famille qui l'a conseillé de faire ça, mais bon ! Pourtant, il m'a dit de l'appeler le jour de l'accouchement pour reconnaître son fils. Mais quand je l'ai appelé, il m'a insulté et il n'est jamais venu. Il n'a jamais reconnu l'enfant.

A l'arrivée de mon 2ème enfant, j'ai pleuré beaucoup, car moi je voulais être avec son père. Alors ça m'a fait très mal, quand il m'a dit qu'il voulait plus de moi. Après, je suis restée seule avec mes deux enfants, pendant un long moment. Après, j'ai rencontré, le père de mon troisième enfant. C'est aussi un ghanéen, c'est quelqu'un de chez moi. Je l'ai vu et après quand on a commencé, c'était bien. Moi, je croyais qu'on allait se marier et tout.
Quand je suis tombé enceinte, je ne sais pas, il a complètement changé. Je ne sais ce qui s'est passé, mais bon ! En fait, je veux dire que, c'est par rapport à la place où j'habitais […] A cause de tout ça, je me suis dit, j'arrête. Parce que je ne veux pas vivre comme ça. Trois enfants, trois pères différents. C'est mieux que je reste seule avec mes enfants. Je ne sais pas pourquoi, ça m'arrive à moi. A chaque fois que je rencontre quelqu'un, je tombe enceinte, mais après il s'en va. Je me suis dit que jamais plus, je ne ferai des

enfants [...] Moi j'ai vu ma mère souffrir et je ne veux pas faire souffrir mes enfants. Parce que vraiment, vraiment, ce n'était pas mon rêve de vivre ça. Moi, je suis sensible, quand je suis avec quelqu'un, je suis respectueuse, sincère. Mais je ne sais pas pourquoi, à chaque fois que je rencontre quelqu'un, je vais l'aider un peu, et après il s'en va. Peut-être comme je suis calme et gentille, les hommes me voient comme étant « bête ». Puis après, ils s'en vont et ils me laissent comme ça avec mes enfants. C'est un truc que je ne souhaite pas à quelqu'un. Parce que moi, à chaque fois quand j'étais petite, je me disais que si je me marie, je vais faire les enfants avec le même père. Parce que quand j'étais au Ghana, j'ai vu ma mère souffrir. Et je me disais que j'ai envie de me marier tôt pour faire les enfants et tout ça là [...].

Aucun, aucun des pères ne voient leurs enfants. Jamais les enfants ne demandent après eux.
Ils ne cherchent même pas à les voir. Et aussi c'est la manière dont je les ai élevés. Parce que je n'ai jamais parlé de leur papa et je n'en ai même pas envie. Parce que ça va me faire mal, vu comment j'ai souffert. Ils m'ont tous abandonnés avec les enfants. Je n'ai pas envie de briser ma famille. Si t'es parti, t'es parti.

Je n'ai pas envie que mes enfants cherchent leurs pères. C'est vrai, que chacun a son père. Mais je n'ai pas envie qu'ils les recherchent. Car après ça va faire des problèmes entre eux-mêmes. Je ne veux pas que la situation de leur père crée des jalousies, des disputes entre eux. Même Rachelle, ma fille ainée, elle n'a jamais demandé après son père. Par exemple : si l'autre père achète quelque chose à l'un et que l'autre père n'a pas les moyens, je ne veux pas qu'ils se disputent à cause de leur père. Moi je n'aime pas ça. Je ne veux pas que plus tard ils se disputent à cause de leurs pères. Après quand ils vont grandir, je vais leur expliquer ce qui s'est passé. Mais là, c'est encore trop tôt. Parce que pour moi, un père, c'est quelqu'un qui est présent pour son enfant. Mais là pour l'instant, ils sont petits. Et aussi, les enfants en Europe, ils sont différents par rapport aux enfants en Afrique. Oui, en Afrique, même si votre père est différent mais votre mère reste votre mère. Comme c'est ta mère qui fait tout, si ta mère se remarie, son mari, c'est ton père. C'est lui que tu devras considérer comme ton père. Mais aussi, je vois que même si tu t'es remariée, les enfants, ils vont appeler le nouveau conjoint : « tonton » ou par son prénom. Mais nous en Afrique, on ne fait pas ça. Ce n'est pas la même éducation. Parce que l'amour, ce n'est pas l'argent. Mais l'amour c'est le temps que ton père ou le nouveau conjoint te consacre. Mon père, moi, j'ai pas eu d'autre père. Mais de tout ça, il nous a laissé. Il a rien fait. On était très jeunes quand il est parti. J'étais comme mon fils Loïc, j'avais à peu près 6 ans. J'ai quitté ma mère, j'avais 19 ans. Et là, ça va faire 10 ans que je suis en France. Normalement, 10 ans en Europe, c'est long. Et en même temps, en dix ans, j'aurai pu faire un petit truc au pays. Mais, moi ça été dix années de souffrances. Ma mère, elle comprend tout». **(Entretien de madame A, 29 ans, arrivée en France à 19 ans, 3 enfants, bénéficiaire du RSA depuis 2006).**

Le discours sus-rapporté fait ressortir quelques facteurs pouvant expliquer la situation de Mme A, car à son propos il se pose la question de savoir s'il y a reproduction de modèle familial, pourquoi ce modèle ne semble pas reproduit par les membres de sa fratrie. La réponse à cette question transparaît dans l'idée d'une forme de vulnérabilité (faite de naïveté, d'une barrière de la langue, d'un sentiment de solitude) qui expose Mme A à des situations à risque, notamment dans le cadre de la rencontre d'un partenaire intime. Ses propos à ce sujet ne rapportent aucune pratique de précaution ni de méfiance à l'égard d'un nouveau partenaire. Ils révèlent une représentation du couple conjugale qui semble proche d'un modèle traditionnel où le partenaire devient très vite le père de la progéniture mais dans un contexte où rien ne l'engage à assumer des responsabilités vis-à-vis de cette progéniture et de leur mère.

De ce discours, la reproduction du modèle familiale transparait aussi au travers des termes qui rendent compte de l'éducation que Mme A offre à ses enfants : « Je n'ai pas envie que mes enfants cherchent leurs pères (…) Si t'es parti, t'es parti. ». Cette absence du père est subie, mais elle est aussi maintenue par Mme A, qui sans s'en rendre compte offre à ses enfants un cadre de socialisation très proche de celui dont elle a bénéficié étant enfant. Pourtant, elle prend la mesure de cette proximité des situations vécues par ses enfants et par les membres de sa fratrie lorsqu'elle était enfant, au moment où elle dit : « Mon père, moi j'ai pas eu d'autre père. Mais de tout ça, il nous a laissé. Il a rien fait. On était très jeunes quand il est parti. J'étais comme mon fils Loïc, j'avais à peu près 6 ans ». **(Entretien de madame A, 29 ans, arrivée en France à 19 ans, 3 enfants, bénéficiaire du RSA depuis 2006).**

Mais elle semble totalement ignorer que par ses décisions et les postures qu'elle adopte, elle reproduit des situations de dénuement proche de ce qu'elle a vécu. Mais ce qui change entre les deux cadre, est bien entendu l'époque mais surtout, le contexte national : l'un formant le pays d'origine de l'enquêtée et l'autre formant son pays d'accueil. Le premier contexte traduit une situation de pauvreté où la relation famille-Etat ne semble pas être pensée comme pouvant favoriser la sortie du dénuement familial. En revanche le second ne préserve pas totalement du désœuvrement, mais permet d'entamer une carrière de précarité où, progressivement et à long terme, la situation de Mme A est supposée évoluer vers le haut. Mais avant que cette relation famille-Etat n'intervienne, le dénuement dans lequel madame A se trouve lorsqu'elle arrive en France et l'attache qu'elle porte aux croyances religieuses la soumettent à des rapports de domination où la finalité de chaque aide proposée n'est pas questionnée et comprise comme une providence divine jusqu'à ce que le masque des représentations tombe et qu'elle décide d'être à nouveau actrice de sa vie. C'est l'idée que nous allons développer dans la section qui suit.

Une soumission à divers rapports de domination...

A son arrivée en France, le dénuement des enquêtées issue de l'immigration est tel qu'elles se retrouvent rapidement à faire l'objet de violent rapport de domination qui s'étalent dans le temps, pouvant durer une décennie. Ces rapports de domination s'abattent sur tous les domaines déterminants de la vie de toutes ces personnes en touchant le logement, le travail, les ressources, les enfants et les papiers d'identité.

« 10 ans, oui. Mais tout ça là, c'est Dieu. Je me souviens, en 2007 j'étais devenue folle. J'avais des longs cheveux, j'ai pris une paire de ciseaux, et j'ai coupé tous mes cheveux. Puis je marchais comme ça dans la rue comme une folle [...] Et aussi, pour mes papiers, j'avais des titres de un an, un an. En 2008, c'était le plus dur. Parce qu'avant d'avoir les papiers, comme c'est le père de ma première fille qui a déclaré, il faut qu'il signe pour renouveler mon titre de séjour.

Dès fois, il fallait que je le cherche partout. Je le cherche partout, je demandais à ses amis. Mais ils me disaient, qu'ils ne savent pas où il est. J'étais obligée de supplier, de supplier pour qu'il vienne signer. Dès fois il me disait oh je vais venir signer. Va m'attendre je vais venir signer mais après il ne venait pas [...] Du coup, je me souviens fin 2008, mes papiers étaient bloqués pendant huit mois. Alors on ne m'a pas payé. J'avais ni argent, rien du tout. Bah c'était compliqué, c'était vraiment chaud. Quand j'avais besoin de lui, il disparaissait. Alors, pendant huit mois, on ne m'a pas payé. La Caf avait arrêté les paiements. Je pleurais beaucoup. Je me souviens un jour je marchais dans la rue normalement, et j'entendais quelqu'un qui disait 100€, 100€. Comme je n'avais même pas un centime sur moi, je me disais dans ma tête, oh mais qui parle d'argent comme ça. Je voyais l'argent partout. Je n'avais ni vêtements pour ma fille Rachelle. Et le monsieur, il m'a dit 100€, 100€ et après excusez-moi de vous dire ça comme ça, mais il a pris son truc [...] Son zizi, excusez-moi et il m'a dit, excusez-moi encore, de venir le « toucher » pour qu'il me donne les 100€. Il voulait que je me prostitue pour qu'il me donne les 100€ [...].

En plus, moi je n'ai pas de famille et je n'ai pas d'amies. La dame qui m'a hébergée, c'est la seule personne que je connaissais. Cette dame m'a mise dans une situation de peur et de découragement. Comme je ne connaissais rien, quand je devais faire des démarches, elle me décourageait à chaque fois. J'ai souffert dans ma vie pour mes papiers, pour mes enfants et tout. J'ai obtenu ma carte de résident en 2012. Ensuite, le jour où, j'ai eu mon appartement en

2014, j'ai crié, j'ai pleuré. C'était trop ». **(Entretien de madame A, 29 ans, arrivée en France à 19 ans, 3 enfants, bénéficiaire du RSA depuis 2006).**

…par les conditions difficiles d'hébergement

L'hébergement des enquêtées est d'abord considéré comme l'une de ses étapes préliminaires à l'entrée dans une carrière de précarité, car la question du logement est déterminante pour toute personne. La place que nous lui donnons s'explique aussi par l'évolution que connait Mme A en termes de conditions de logement. C'est seulement lorsqu'elle entre dans un dispositif d'aide économique et social que Mme A voit ses conditions de logement évoluer vers une dimension de sécurisation, bien qu'elle conserve un mode de vie précaire.

> « J'étais hébergée dans une église quand je suis arrivée en France et cette dame venait prier dans la même église. Ce sont des connaissances ghanéennes qui me l'ont présenté. Pourtant, quand on s'est rencontré, je lui ai dit que j'étais enceinte. Et c'est elle qui m'a dit je vais en parler avec mon mari et avec l'accord de son mari, comme je n'avais nul part où aller, ils m'ont pris chez eux. Mais pour moi, je me suis dit, oh là là, Dieu merci, j'ai trouvé quelqu'un qui va m'aider et qui va me prendre chez elle. Et je me disais que j'avais de la chance et que jamais je ne serais ingrate envers ces personnes. Et si ce n'était pas elle qui m'avait prise, je ne serais pas où je serais aujourd'hui. A cette fois que je m'étais ça dans ma tête, c'est pour ça que je restais. Mais je faisais tout chez elle. Je l'ai considérée comme ma grande sœur. Mais elle m'a beaucoup utilisé, beaucoup, beaucoup.
>
> Parce que là-bas, mes enfants dormaient avec les autres. Parfois, ils tapaient mes enfants. Je me souviens, qu'il y a un des enfants de la dame, qui a coincé les doigts dans la porte de mon dernier enfant. On est parti à l'hôpital pour faire l'opération. Et je me souviens que l'autre aussi tapait ma fille. Et moi, aussi, je ne pouvais pas les défendre, parce que je n'étais pas chez moi. Il y a eu beaucoup de choses. Je ne pouvais pas élever mes enfants comme je voulais. En

plus, je ne pouvais rien dire, car je n'étais pas chez moi. Ca été très dure

Et les bêtises que les enfants de la dame faisaient, bah les miens aussi faisaient les mêmes bêtises. Et j'avais peur surtout pour mon dernier, parce que lui, il est très têtu. Il se bagarrait avec tout le monde ». **(Entretien de madame A, 29 ans, arrivée en France à 19 ans, 3 enfants, bénéficiaire du RSA depuis 2006)**

La question du logement apparait ici sous deux formes : l'une renvoyant au contexte préliminaire à la carrière dans la précarité et l'autre au contexte d'hébergement plus sécurisant une fois la carrière de précarité entamée. Avant d'évoluer dans ce cadre, Mme A précise avoir connu un hébergement couteux qui a pris la forme d'une exploitation et de diverses formes de violences pour elle et ses enfants, un ensemble d'éléments qu'elle ne subit plus lorsqu'elle entame une carrière de précarité qui se traduit par la prise en charge économique et sociale sus-évoquée et surtout, qui rapproche les termes précarité et sécurité. Nous proposons de développer cette idée dans le paragraphe suivant.

Le déclenchement d'un mécanisme de sécurisation dans la prise en charge de la précarité

Nous souhaitons montrer ici qu'en même temps que les enquêtées entrent dans une carrière de précarité, elles enclenchent un mécanisme de sécurisation qui apparaît comme l'aboutissement de cette carrière. Celle-ci part d'une décision, celle de sortir du dénuement dans lequel elle se trouve en faisant appel à des acteurs institutionnels. On peut ainsi lire :

« En 2014, J'ai dit non, il faut que je parte parce que trop, c'est trop. Soit je trouve une maison avec mes enfants, soit on va dormir dans la rue [...] J'ai été voir l'assistante sociale pour lui dire que je devais partir de là, si elle pouvait m'aider à trouver un logement. Grâce à son aide, j'ai obtenu un logement. Maintenant, mes enfants sont beaucoup plus stables. J'arrive à communiquer avec eux. Des fois, je regarde la télévision avec eux. On rigole, je passe du temps avec eux. On regarde le film ensemble, on écoute la musique. On fait tout ensemble. Là, ça va, je suis très contente. Ma fille Rachelle, je lui apprends beaucoup de choses. Dès qu'elle voit 19h, elle sait qu'on va manger, elle va arranger la table. Elle fait la vaisselle. On fait tout ensemble. Je les habitue à ce qu'ils deviennent responsables, chacun arrange son lit. Même les garçons, Loïc aussi, il fait la table. Il range aussi les affaires. Et chacun range son lit. Parce que moi, ma mère m'a bien aidé par rapport à ça. Alors, je fais du mieux pour mes enfants. Je passe beaucoup de temps à parler avec eux, parce qu'avant je n'arrivais pas à communiquer avant. J'avais peur parce que les autres enfants se mêlaient de tout. Et dès que je parlais avec eux, les autres enfants leur demandaient, c'est quoi ta mère, elle a dit quoi [...]

C'est vrai que ce n'est pas beaucoup le Rsa pour vivre, mais je me dis que j'ai de la chance, par rapport à l'Afrique. Car en Afrique, on ne peut pas faire un enfant pour avoir l'aide de l'Etat, non jamais. Alors pour moi, c'est une chance. C'est toi-même qui dois te débrouiller pour nourrir ton enfant. Donc, j'ai de la chance d'être au Rsa. Et moi, je n'ai pas honte, non. Il y a des mamans qui travaillent et qui ont dû mal à payer toutes les charges ainsi que le mode de garde de leurs enfants. Parce que si on travaille beaucoup et qu'après on va couper tout ça, tout ça là, et dès fois, c'est mieux d'élever les enfants jusqu'à l'école. Parce que quand, tu travailles, faudra encore payer les modes de garde, les cantines, le centre de loisirs don cil y aura encore d'autres frais qui vont s'ajouter. Donc moi, je préfère rester à la maison et attendre qu'ils grandissent et partent à l'école. Donc pour moi, ce n'est pas un truc que j'ai honte. C'est une chance... Ça m'a aidé vraiment, parce que normalement, je n'avais rien. Quand j'ai déménagé dans mon appartement, je me suis dit où je vais trouver l'argent pour équiper mon logement. Et normalement pour une famille nombreuse, il faut acheter du mobilier adapté. Il faut acheter un frigo, une machine à laver, une gazinière qui dure longtemps. Et tout ça là, ça commence par 500€. Donc où j'allais trouver l'argent parce que je n'avais rien.

Alors, l'assistante sociale m'a fait une aide financière pour équiper mon logement. Donc, si ce n'était pas les services, je ne sais pas comment j'aurai fait. Donc je suis vraiment, vraiment, vraiment reconnaissante […] un moment, je commençais même à regarder les annonces de logements de particuliers, mais même un deux-pièces ça coute entre 700€ à 800€. Après, il faut encore payer la caution, j'ai dit mon Dieu, je n'ai même pas 100€, comment je vais faire pour payer la caution et le loyer. C'est impossible.

Alors franchement, je vais dire merci beaucoup parce que, si c'était pas à cause de l'assistante sociale, je ne sais pas où, je serais aujourd'hui. Je pleure, mais cette fois, ce sont des larmes de joie. L'accompagnement social m'a permis de sortir des difficultés, notamment pour le logement et les démarches administratives. Même si mes difficultés ne sont pas totalement finies, mais je suis sur la bonne voie pour m'en sortir. Ça m'a permis de monter marches par marches et d'y voir plus clair.» **(Entretien de madame A, 29 ans, arrivée en France à 19 ans, 3 enfants, bénéficiaire du RSA depuis 2006).**

« Au début, je le voyais comme ça. Après, ce qui m'a fait comprendre que je ne suis pas un cas isolé et qu'il y a plein d'autres femmes de plein d'origines différentes qui ont eu un problème soit avec leurs compagnons, qui ont décidé de se séparer, bref qui ont connu des accidents de la vie. En fait, c'était lors d'une première réunion RSA pour les nouveaux bénéficiaires, il y avait pleins de mamans avec des bébés, donc je me suis dit ouais, je ne suis pas un cas isolé. J'arrive à relativiser maintenant. On va dire que voilà, malgré cette petite somme, j'arrive quand même à essayer de gérer ma vie. Je me dis que c'est un tremplin et que je ne dois pas le prendre comme une faiblesse, comme un handicap en me disant que voilà, je profite sur la société et tout. Mais c'est vrai que ma machine à laver est tombée en panne, et j'ai été voir l'assistante sociale, je trouve que c'est beaucoup ce qu'on donne. C'est trop d'aide pour quelqu'un qui ne travaille pas ». **(Entretien de madame D, 32 ans, nationalité française, 1 enfant, bénéficiaire du RSA depuis 2012).**

L'idée de précarité prise en charge ressort clairement de ce discours au travers de la mobilisation des termes tels qu'assistante sociale, RSA, qui sont des symboles récurrents dans diverses situations de précarité. Mais ces symboles ici sont associés à des termes qui traduisent davantage des situations agréables. Il s'agit par exemple d'expressions comme « j'ai de la chance » ou encore «Merci», « Je pleure mais cette fois ce sont des larmes de joie» ou encore avec des termes comme «gérer ma vie», « un tremplin », etc. présent dans le discours de Mme D. Au-delà de ces termes, le caractère sécuritaire de la nouvelle situation de précarité que connaissent quelques enquêtées se traduit aussi par leur accès aux objets sécurisant comme un logement, un revenu et un suivi. Bien que protégées du dénuement qu'elles ont connu avant d'être le seul adulte d'une famille, l'évolution de leur situation connait des aléas dus à la charge d'enfants en bas âge. Voyons cette idée plus en détail dans la section suivante.

Elever seule des enfants : une contrainte à l'accès à l'emploi

Malgré le déclenchement d'un mécanisme de sécurisation vécu dans le cadre d'une carrière de précarité, les enquêtées concernées par notre première hypothèse ressentent les maux de la précarité liée à la structure de leur famille et dans celle-ci à la présence d'enfant en bas âge scolarisés ou pas. Cette présence couplée au manque de moyens financiers impose aux mères seules soit de rester avec leur enfant, soit de parvenir à articuler leur emploi du temps aux créneaux horaires des sorties d'école. C'est ce qui ressort d'une part du discours sous rapporté, mais aussi d'autres comme celui de Mme Mo figurant en annexe.

« J'ai un problème de mode de garde. Là, j'ai envie de travailler mais mon dernier enfant est encore petit. Je n'ai pas l'argent pour le donner à quelqu'un pour le garder. Je ne connais personne pour garder mon enfant gratuitement ou moins cher.

Déjà que le 10 du mois, j'ai plus d'argent donc si faut encore payer quelqu'un, c'est pas la peine. Je préfère attendre qu'il aille à l'école et là, je pourrais chercher du travail. Je sais qu'ils peuvent rester à l'école jusqu'à 19h. Comme ça, je pourrais travailler. C'est principalement la garde de mon enfant qui m'empêche de travailler […] Parce que moi vu que je n'ai pas de famille ici, j'avais peur à chaque fois pour donner mes enfants à quelqu'un, et que la personne ne s'occupera pas bien d'eux. Donc, je préfère les garder avec moi jusqu'à ce qu'ils aillent à l'école.

J'avais commencé ma formation d'auxiliaire de vie sociale. Mais maintenant avec les petits à récupérer les mercredis, je ne pouvais pas venir d'Evry pour récupérer les petits avec 19h30. Trois fois de suite, je suis arrivée en retard au centre de loisirs et ils m'ont dit que la prochaine fois, j'irai les récupérer au commissariat de Police. Et quand je faisais ma formation, c'est là où, j'ai rencontré le papa de Braxton, mon dernier enfant. Après, j'étais obligée d'aller dire à la formation que je ne vais pas continuer parce que je n'arrivais pas par rapport aux petits.

Au fait, être mère isolée quand tu n'as pas d'emploi, c'est dur. En plus, l'estime de soi même, ce n'est pas évident. On manque de confiance en soi. En fait dès fois, les enfants peuvent te freiner. Par exemple, là par rapport à Braxton, je peux reprendre une formation. Mais là, s'il me le prenne pas à la crèche, ça va me freiner. Et je ne suis pas quelqu'un qui va aller déposer ses enfants chez des copines ou autre. Même en fait, je n'ai pas confiance envers les personnes qui gardent des enfants. Je n'ai pas confiance. C'est pour ça que même mes enfants ne sont jamais partis chez une assistante maternelle. Je préfère les garder jusqu'à leur entrée à l'école.

Les obstacles qui m'empêchent de sortir du RSA sont le mode de garde, et l'accès au travail. D'abord, ce serait d'avoir un mode de garde, comme ça, je serai plus disponible pour trouver un emploi. Mon dernier enfant n'a que 14 mois » **(Entretien de madame**

93

Mo, 30 ans, arrivée en France à 13 ans, 3 enfants, bénéficiaire du RSA depuis 2011).

Dans l'extrait qui précède, Mme Mo précise clairement que ce sont les modes de garde de ses enfants qui déterminent la recherche d'un emploi, une embauche ou la poursuite d'une formation. Elle relate dans ses termes des anecdotes qui font état de situations concrètes qui impliquent divers acteurs. Mais de son analyse, il ressort l'idée selon laquelle en même temps que l'absence d'un mode de garde de ses plus jeunes enfants la contraint dans ses démarches liées à l'emploi et à la formation, ce facteur ne peut pas être considéré sans tenir compte d'une volonté d'enfanter lorsque l'on a déjà des enfants, ni sans questionner les motifs de cette volonté. Car, Mme Mo ne dispose pas des moyens qui lui permettent d'offrir de meilleures conditions de vie à ses enfants mais continue d'avoir de nouveaux enfants. La réponse à cette question relève de plusieurs cadres : le cadre identitaire lié aux représentations de la femme, de la mère et de la famille ; les objectifs du parcours migratoire et le cadre légal qui pose les règles et critères à remplir pour bénéficier de certaines mesures.

A propos du cadre identitaire, il se pose une série de questions liées aux représentations que Mme Mo a de la femme, de la mère et de la famille. Sont-elles liées à son modèle ou à sa logique familiale d'origine ? Dans quel cas il serait possible d'évoquer l'idée de reproduction de ce modèle ou de cette logique pour expliquer la volonté d'agrandir sa famille par de nouvelles naissances. Lorsque cette même famille vie dans la précarité depuis de longues années. Mais l'évocation de ce modèle conduit à questionner avec insistance la manière dont se construit l'identité féminine des femmes qui, à chaque nouveau partenaire, contracte une grossesse et se retrouve seule sans le père de l'enfant.

Concernant les objectifs du parcours, il s'agit dans de nombreux cas, de trouver des nouvelles ressources économiques et sociales pour soi et pour sa parenté restée dans le pays d'origine. Mais l'accès à ces ressources réclame de répondre à de nombreux critères relevant du cadre législatif, notamment remplir certaines conditions pour obtenir le droit de rester sur le territoire d'immigration. Certains cas étudiés ont précisé avoir essuyé de nombreux refus dont les conséquences se seraient traduites par l'arrêt d'une prise en charge et par une éventuelle expulsion du territoire. Au vue de ces conséquences, il n'est pas vain de penser que la volonté d'enfanter apparaît comme le dernier recours pour répondre aux critères légaux permettant de rester en France et de bénéficier d'une prise en charge. Cette supposition inscrit la démarche des concernées dans une logique de survie évoquée par les auteurs tels que Martiniello et Rea (2011) qui précisent que pour les migrants, le statut juridique est important parce qu'il influence la mobilisation des ressources des migrants, les stratégies liées au séjour, voire l'orientation générale des projets migratoires. Les auteurs évoquent aussi le fait que les migrants développent des compétences qui se construisent en dehors de l'Etat et se développent à travers des réseaux autonomes de la sphère publique afin de déjouer les systèmes de contrôles […]. Ces compétences sont entre autres mobilisées en vue d'atteindre une sécurité de séjour et une sortie des situations de dénuement.

Des trois cadres évoqués (où le deuxième s'imbrique au troisième), il n'y en a pas un qui explique à lui seul la volonté d'enfanter lorsque l'individu vie dans une précarité de longue durée et qu'il a déjà des enfants. Les trois cadrent peuvent être envisagés comme complémentaires, car ils apportent divers éclairages pour répondre à la question précitée. Mais de manière concrète, une fois que le cadre sécuritaire lié au logement est posé, l'évolution dans la carrière de précarité repose soit sur les nouvelles naissances, soit sur l'âge des enfants, qui détermine l'accès à une formation et à un emploi. Lorsque l'âge des enfants permet à certaines femmes d'exercer un emploi, il leur faut ruser pour obtenir le poste visé, car la révélation de sa situation comme mère de plusieurs enfants devient une discrimination à l'embauche. C'est ce que révèle Mme T dans l'extrait suivant.

« Je suis partie postuler pour un poste de gouvernante. Il fallait remplir un formulaire où tu dois raconter toute ta vie entière : marié, pas marié, combien d'enfants, bla bla bla. Et moi, j'ai écrit toute ma vie. La personne qui me faisait l'interview, elle a vu que j'avais 5 enfants. Et elle m'a dit, mais vous vous venez travailler pourquoi ?

Je lui ai dit donc quand on a cinq enfants, est-ce que c'est écrit devant toi ou derrière toi ? Elle me dit, bah, je ne sais pas moi. Déjà une tous les jours, vous serez en arrêt parce qu'un de vos enfants est malade. Donc, c'est mieux de rester à la maison.

Et j'ai déjà dit, ah bon. Donc moi, c'est écrit devant moi de ne pas travailler parce que j'ai des enfants. Le recruteur m'a gentiment répondu : « Ah non, madame c'est pas pour ça, mais sur ce poste on recherche quelqu'un qui est disponible et pas quelqu'un qui a plein d'enfants ». Déjà c'est un handicap.

Je suis partie à un autre recrutement. Et j'étais obligée de ne pas écrire cinq enfants. J'ai écrit deux. Parce que si j'avais mis tous les cinq, on ne me prendra jamais. Donc je me suis dit que je vais faire mes preuves dedans et s'ils voient bien que je travaille. Donc, si après je leur dis que j'ai cinq enfants, ils ne pourront pas me tuer. Pendant ce temps, je serais déjà en poste. Comme ça quand ils apprendront que j'ai cinq enfants, ça sera trop tard. Ils ne pourront plus me renvoyer. Donc, c'est comme ça. Je suis toujours obligée de cacher deux ou trois enfants. Mais comment la vie doit être un handicap pour nous ? On doit cacher nos enfants parce que sinon le poste ne sera pas pour nous. Vous pensez vraiment que c'est une vie ça ?

Les employeurs, ils ont déjà calculé tous les retards, les maladies des enfants. Ils n'ont même pas calculé les retards de train ou autre. Mais ils ne voient que les absences à cause des enfants.»
(Entretien de madame T, 30 ans, nationalité française, 5 enfants, bénéficiaire du RSA depuis 2006).

Dans le cas de figure de Mme T, la ruse participe à la logique de survie permettant d'échapper à la précarité. Ainsi la ruse prend la forme d'un mensonge et d'un contournement des règles, en vue d'atteindre un objectif précis. Il s'agit pour Mme T de se réinsérer dans le marché de l'emploi.

En définitive, l'hypothèse que nous souhaitions ici vérifier est validée. Elle consiste à expliquer la précarité de longue durée des familles monoparentales par l'entrée dans une carrière de précarité engagée par des femmes et inscrites dans un parcours migratoire. La prise en compte de ce parcours a permis de faire apparaître des étapes et des situations manifestes dans des pays étrangers et leurs conséquences vécues en dernier lieu ici, en France. Les données de terrain font apparaitre une double lecture de la précarité, l'une effectuée par les travailleurs sociaux parlant de précarité au sens sociale du terme et l'autre, faite par les mères seules étudiées qui parlent de chance, de nouveau départ, de tremplin pour comparer leur situation passée à celle actuelle.

VERIFICATION DE LA DEUXIEME HYPOTHESE

Le cumul des handicaps sociaux :
Un facteur de poids dans la précarité de longue durée.

Il s'agit dans cette partie de montrer que la seconde hypothèse trouve une validation au travers d'un ensemble de thématiques qui, réunies, forment un cumul de handicaps sociaux favorisant les situations de précarité de longue durée des familles monoparentales bénéficiant du RSA. Les thématiques en question concernent la formation et la contraction rapide de grossesses successives, le manque de maturité, la nature des relations familiales, les effets de la socialisation résidentielle, les rapports de domination dans les relations de couple, la vie de couple croisée aux situations migratoires, les effets négatifs du regard d'autrui et le manque de liens fiables. La majorité des enquêtées regroupent ces caractéristiques, c'est ce que nous allons analyser dans la section suivante.

Les effets des grossesses successives sur le niveau de formation

Parmi les handicaps sociaux répertoriés comme favorisant des situations de précarité figurent le faible niveau de formation, et certains comportements jugés « à risque » parmi lesquels nous intégrons la contraction d'une grossesse non désirée. La plupart des enquêtées présentent ces caractéristiques. C'est ce que révèlent clairement leur discours, comme celui de Mme Mo qui suit.

> « Je suis tombée enceinte à 18 ans et j'ai accouché à 19 ans. Quand je suis tombée enceinte, j'allais passer mon BEP vente. Mon père m'a laissée jusqu'à la fin de l'année scolaire pour terminer mes études et après, je suis partie en foyer. Mon père n'a pas supporté la situation […].
>
> Déjà quand j'étais au collège. Je n'ai pas non plus eu mon brevet. En fait, je ne me donnais pas trop à l'école. En même temps, quand je suis venue en France, j'avais des difficultés. Alors je ne me suis pas trop donnée à l'école pour m'en sortir. Alors que mon frère est arrivé en France à 11 ans, mais lui, c'est comme si, il était né ici.
> Moi, j'avais déjà 13a ns et à force de traîner dans le milieu africain, je n'ai pas trop développé mes capacités. Et en plus, je séchais les cours. Même parler français, non, je suis restée plutôt dans le milieu africain.
>
> A chaque fois, j'ai dû arrêter les formations à cause des grossesses. Et en plus, je n'avais pas de solution de garde. Et là mon projet serait de reprendre la formation d'auxiliaire de vie. Parce que là au moins, j'aurai un diplôme, une qualification. Mais je ne sais pas si j'aurai une place en crèche pour mon dernier enfant.

Je n'ai jamais travaillé. J'ai fait que des stages. Mais je n'ai jamais eu d'emploi stable. Et à chaque fois, j'ai dû arrêter les formations à cause des grossesses et de la gestion des enfants devenues trop difficiles » **(Entretien de madame Mo, 30 ans, arrivée en France à 13 ans, 3 enfants, bénéficiaire du RSA depuis 2011).**

« Moi, je n'ai pas vraiment fait d'études. J'ai arrêté en 4ème technologique. J'ai plus voulu y aller parce qu'avec mes parents, c'était problème sur problème sur problème. Donc après, c'était foyer sur foyer. Je n'ai pas vraiment voulu continuer aussi. Mais ça va, je sais lire et écrire, c'est bon. (…) Et après à 18 ans, je suis tombée enceinte et j'ai été placé dans un foyer de jeunes mères à Migennes dans le 89» **(Entretien de madame T, 30 ans, nationalité française, 5 enfants, bénéficiaire du RSA depuis 2006).**

Les cas de figure sus-présentés rapportent des situations où des grossesses successives rapidement contractées après la rencontre d'un partenaire sont systématiquement suivies d'une interruption de la formation entamée. La situation de précarité est alors renforcée avec la naissance des enfants dont la prise en charge occupe une part importante du quotidien de la mère, la privant de temps pour effectuer une formation. Cette situation génère également un manque d'expérience professionnelle et de qualifications pouvant favoriser l'offre d'un emploi.

Il s'ajoute à l'une des situations évoquées une appartenance ethnique à laquelle l'enquêtée est attachée au prix d'un manque de maîtrise de la langue française. Mais il reste à savoir pourquoi les enquêtées se retrouvent dans une telle situation de cumul de handicaps sociaux ? Nous proposons de répondre à cette question dans la section suivante, en consacrant une valeur explicative au poids du passé.

Décohabitation parentale conflictuelle et rupture familiale comme facteur de précarisation

Avant de connaître une situation de précarité de longue durée, de nombreuses enquêtées ont vécues des situations de décohabitation familiale conflictuelle et une rupture familiale impactant leur parcours en termes de logement et de socialisation résidentielle. C'est que traduit Mme M dans l'extrait d'entretien suivant.

> « Je suis partie de chez mes parents à 21 ans. Euh, je crois que c'était un peu plus tôt. Euh, je suis partie à 19 ans. C'est-à-dire qu'il y avait trop de clashs et on n'arrivait pas à s'entendre du tout. Du jour au lendemain, j'ai décidé de partir parce qu'à la base, chez nous, il n'y a pas de bon, on s'entend pas prend ton appartement, ton indépendance tout ça. C'est si, tu quittes la maison, c'est parce que tu te maries. Et moi, comme je n'étais pas trop pour le mariage et tout. Mes parents voulaient quand même me présenter quelqu'un pour que je me marie. Et ils commençaient un peu à faire du forcing à me mettre la pression pour que je change d'avis tout ça.
> Et du jour au lendemain je suis partie de chez mes parents. Je suis restée quatre ans sans voir mes parents, sans contacts [...]. Franchement, je ne savais même pas ce que j'allais faire. Je ne savais pas ce que j'allais devenir. Mais je suis partie du jour au lendemain. **(Entretien de madame D, 32 ans, nationalité française, 1 enfant, bénéficiaire du RSA depuis 2012).**

> « Mon père n'a pas supporté que je tombe enceinte. Il m'avait même proposée d'avorter mais je ne voulais pas. Je me suis dit que personnellement, par rapport à mes croyances, je ne pouvais pas avorter. Il n'a pas supporté, c'est pour cela que je suis partie dans un foyer. Du coup, j'ai arrêté mes études à 19 ans en 1ère année de BEP.
> Pendant 7 mois, j'ai été dans un foyer et le papa de Dylan, mon 1er fils était aussi dans un foyer de jeunes majeurs. Dans le foyer où j'étais accueillie, on partageait les chambres, on était trois par chambre. En plus, il faut se réveiller le matin pour faire le ménage même si t'as pas envie, on est obligé de faire le ménage. C'était le contrat passé avec le foyer maternel, il y avait des règles de vie en communauté à respecter. Mais pour moi, c'était un coin perdu, pour quelqu'un qui a grandi en ville avec des copines. Là-bas, j'étais coupée du monde. En plus, le pire c'est que je ne suis pas habituée à rester avec les gens [...]. Donc, à 7 mois de grossesse, je ne pouvais plus supporter de vivre dans le foyer et j'ai menti en disant

aux éducateurs que j'avais trouvés un autre endroit où aller. Mais ce n'était pas vrai. Après, je suis partie habitée avec le papa de Dylan dans son foyer de jeune majeur et ça a duré 1 mois. Après, ils ont découvert que j'habitais avec lui et ils nous ont demandé de partir, car c'était interdit d'héberger quelqu'un. Après, on nous a trouvé un appartement mais pas en règle». **(Entretien de madame Mo, 30 ans, arrivée en France à 13 ans, 3 enfants, bénéficiaire du RSA depuis 2011).**

« Moi, je ne parle pas à mes parents depuis que j'ai 16 ans, suite à tout ce qui s'est passé. (…) J'ai été placé à Migennes en foyer à 16 ans quand j'ai quitté le domicile de mes parents. Je suis partie habitée avec une dame. Et après à 18 ans, je suis tombée enceinte et j'ai été placé dans un foyer de jeunes mères à Migennes dans le 89. Et après, on m'a déplacé à Ballancourt chez une famille d'accueil. Quand j'ai eu mon fils, comme j'étais encore jeune, ils nous ont placés dans cette famille d'accueil. (…)
Concernant l'histoire avec mes parents c'est un peu compliqué. Je n'ai pas envie de parler de ça. J'ai envie de continuer ma vie et basta. Que ce soit mes parents ou mes frères et sœurs, eux tous, je n'ai plus de contact avec eux. Ils vivent leurs vies, donc moi aussi, je vis ma vie. Pour moi, ma famille, c'est moi et mes gosses, c'est tout. (Madame ne souhaite pas développer cette partie de son histoire. Elle semble embarrassée et expéditive concernant cette partie de sa vie)» **(Entretien de madame T, 30 ans, nationalité française, 5 enfants, bénéficiaire du RSA depuis 2006).**

Outre le caractère illustratif des discours sus-rapportés, il est possible de constater que les rites de passages habituellement cités allant de la vie adolescente à l'âge adulte sont manquants. Par exemple, la décohabitation parentale se fait dans une situation conflictuelle due à une grossesse désapprouvée par les parents. La décohabitation qu'occasionne cette situation induit des conséquences sur le mode de logement (en foyer), qui ne présage pas une évolution de l'être vers une autonomie comme le permettent les logements étudiants dont le choix suit une décohabitation. Au contraire, pour certaines enquêtées comme Mme Mo, Mme D et Mme T il se succède de

101

nombreux changements de domiciles   qui s'apparentent à une forme d'errance résidentielle.

Début d'un parcours d'errance suite à la décohabitation brutale

La situation d'errance sus-désignée renforce la marginalisation des enquêtées dans la mesure où elle fait intervenir un mode de résidence marginal dit « squat », qui est investi pour une durée indéterminée. Ce mode de résidence expose ses pratiquants à divers aléas, susceptibles de les exclure davantage. L'adoption de ce mode de résidence marque le parcours de l'enquêtée avec la naissance d'un enfant et une expulsion du logement occupé. Elle offre une socialisation résidentielle qui favorise le déroulement d'un mécanisme d'exclusion sociale qui mobilise un environnement marqué par des trafics illicites et de graves faits de violences. C'est ce qui ressort de l'extrait d'entretien suivant.

> « Avant on forçait des appartements. C'était un appartement pas habité, quelqu'un avait cassé la serrure pour qu'on y vive. C'était à Evry. Dylan est né là-bas. On est resté là-bas durant plus de 8 mois. Et après un petit moment, il y a eu des problèmes parce qu'on n'était pas seul à avoir cassé l'appartement. C'était des petits studios à la base. Et comme il y avait un problème avec un jeune qui était mort en bas, on l'a brûlé en bas de l'appartement. C'était des gens qui vendaient de la drogue, il y avait du trafic dans l'immeuble. Ils l'ont enfermé dans son appartement et lui ont jeté de l'essence, ils l'ont ligoté et ils l'ont enfermé dans son appart. Je crois même que c'est passé au journal d'Evry. Il n'est pas mort sur le coup mais il était gravement brulé et le lendemain il est mort à l'hôpital. Quand ça s'est passé j'étais avec Dylan, il avait huit mois comme ça. Comme il y avait le feu, je suis descendue sans rien, même pas de chaussures. Je suis descendue parce qu'on était au 3ème étage et après vu qu'il y a eu le feu et un mort, il y a eu une enquête de police. On a été obligé de partir au Tribunal pour expliquer pourquoi on était dans ce squat. J'ai expliqué qu'on avait fait une

demande de logement social mais on ne m'avait toujours pas répondu. Il y avait aussi l'enquête de la Police mais après c'est passé. C'est ça qui a déclenché qu'on nous mette dehors. Parce que si ça ce n'était pas passé peut-être qu'on serait resté là, un bon moment. Bah, Dylan est né là-bas, donc nous sommes restés plus de huit mois. On a réussi à mettre l'eau, il y avait tout. L'immeuble était bien mais comme c'était des studios, il n'y avait pas de locataires. C'était un peu comme un foyer pour les jeunes majeurs. Et jamais personne ne nous a demandé de partir avant l'incendie. Et comme on n'avait nul part où aller, je suis retournée chez mes parents.

Je suis retournée chez mes parents, Dylan avait 8 mois. En fait, quand le petit est né, les parents (grands-parents) ça change toujours. Parce que même mon père m'a fait un geste, comme il m'avait mise dehors, il a fait le geste de m'ouvrir la porte et de me faire rentrer. Pour dire que maintenant, je pouvais revenir. Il m'avait pardonnée. Quand je suis revenue ici, comme j'étais déjà partie depuis longtemps, je ne pouvais plus rester avec mes parents. Je ne me sentais pas bien. J'avais 18-19 ans, quand je suis partie pendant pratiquement deux ans. Et comme y'avait le petit, je pouvais même pas gueuler sur le petit. Je ne pouvais même pas le taper. Donc, il y avait toujours des petites embrouilles. Mes parents étaient trop protecteurs avec le petit et moi, ça m'énervait. Je ne pouvais plus rester chez mes parents, ça me faisait bizarre de rester chez eux avec mon fils. Je ne pouvais plus rester là, mais bon, j'étais obligée. Et après le père de Dylan a trouvé du boulot en déplacement à Saint Nazaire sur le chantier naval. Grâce à ça, on a trouvé un petit studio à Evry, et après nous sommes retournés encore à Evry. Et ma fille Elycia est née aussi là-bas ». **(Entretien de madame Mo, 30 ans, arrivée en France à 13 ans, 3 enfants, bénéficiaire du RSA depuis 2011).**

Il ressort par ailleurs de cet extrait d'entretien, l'idée d'une fin d'errance marquée par une expulsion et le retour au domicile parental, l'ensemble formant comme une boucle où les étapes de début et de fin conservent des caractéristiques proches : décohabitation du domicile parental conflictuelle et soudaine expulsion du domicile squatté pour finalement revenir à la case départ : le domicile parental. Puis de ce point de départ, l'enquêtée opère un retour résidentielle dans la ville précédemment laissée, pour y adopter un mode de résidence formel. De ce nouveau point de départ, l'enquêtée et sa famille semblent faire l'objet d'un mécanisme de sécurisation grâce à l'obtention d'un emploi par le conjoint, puis d'un logement plus adapté à la taille de la famille. Mais alors qu'un processus de sécurisation semble déclenché pour la famille de notre enquêtée, celle-ci semble toujours prise dans un mécanisme de précarisation, une situation contradictoire qu'illustre l'extrait d'entretien suivant.

« Quand ma fille est née, son père était souvent absent, car il partait en mission vers Saint-Nazaire. Il travaillait sur les chantiers navals. Il faisait deux semaines, trois semaines où il partait en mission. Dès fois, il rentrait pour une semaine ou deux jours et j'étais obligée de rester seule avec les enfants. En plus, on avait obtenu un logement F3 par son travail, dans un endroit perdu. Je me retrouvais seule avec les enfants à tout gérer. Après, j'en pouvais plus et j'ai craqué. Je lui ai dit que j'en peux plus. J'étais seule et je ne travaillais pas. Je peux dire que d'un côté, c'est à cause de lui. Mais, je peux dire qu'avec lui, on ne manquait de rien. Parfois on pouvait manquer de quelque chose, mais on avait presque tout parce que parfois, il nous en emmenait même dans des restos bien et tout et tout, en fait. Après, on est resté là-bas et un jour, je lui ai dit qu'il faut que tu arrêtes de travailler à Saint-Nazaire parce que j'en peux plus de tout assumer. Et il a arrêté les missions là-bas.

Mais en fait, c'était le contraire, croyant qu'il allait rester tranquille, bah comme il faisait du trafic, c'était encore pire. Là, maintenant, il descendait à Saint-Nazaire rien que pour aller vendre et ça n'a rien changé. Après, je lui posais toujours des ultimatums pour lui montrer que j'allais le quitter. Jusqu'au jour où je l'ai mis en garde que s'il lui arrivait quelque chose, qu'il allait bouleverser notre vie. Et il est parti et le soir quand il est rentré à 3h du matin, excusez-moi, il a voulu me déranger, mais j'ai refusé et il est parti. Il a pris la voiture et il est parti. Après, je n'avais plus de nouvelles. J'ai appelé un ami, et il m'a dit qu'il n'avait pas de ses nouvelles. Au fait, les policiers l'avaient arrêté avant même qu'il arrive à Saint-Nazaire, et ils ont trouvé ça dans sa voiture. Et ils sont venus chez nous, un lundi matin. La chance, il n'y avait pas les enfants. Ils étaient partis à l'école.

C'était la Brigade Anti Criminelle. Ils ont débarqué à plusieurs, ils ont fouillé la maison, ils ont tout retourné. Ils sont mêmes partis fouillés dans la cave et comme ils n'ont rien trouvé, après ils m'ont dit qu'il faut que je passe à Melun pour un interrogatoire. Après, je suis partie à Melun et je leur ai dit la vérité. Je n'allais pas leur mentir, je leur ai dit que je savais ce qu'il faisait. Mais que je lui ai toujours interdit mais bon, il ne m'a pas écouté. Après, j'ai demandé au policier, il va sortir quand ? Il m'a répondu : ne vous inquiétait pas, vous aurez tout le temps d'arranger la chambre avant qu'il sorte». **(Entretien de madame Mo, 30 ans, arrivée en France à 13 ans, 3 enfants, bénéficiaire du RSA depuis 2011).**

Il ressort du discours de cette enquêtée les deux mécanismes déjà évoqués, sécurisation et précarisation qui se traduisent respectivement par l'obtention d'un emploi par l'un des membres du couple et très rapidement, un logement obtenu légalement et dont la taille semble adaptée à celle de la famille grandissante. Cette situation a priori sécurisante révèle une répartition des tâches au sein du couple qui renvoie à quelques caractéristiques de la famille traditionnelle, où l'homme travaille et la femme se charge des tâches domestiques et d'une part importante de l'éducation des enfants. Cette situation est mal vécue par l'enquêtée qui éprouve un sentiment d'ennui qui évolue progressivement. Cette condition est confortée par l'environnement résidentiel de cette famille qui, selon les termes de l'enquêtée, reste « un endroit perdu », sous-entendu, offrant peu de moyen de locomotion et peu de perspectives sur les plans professionnel et relationnel. Progressivement le malaise vécu par l'enquêtée prend un autre tournant par l'arrêt du travail de l'homme et sa reconversion dans la vente de produits stupéfiants. Les revers de ce trafic s'abattent violemment sur l'ensemble des membres de la famille de l'enquêtée. Ils débouchent sur une absence du conjoint qui assoit à long termes le mécanisme de précarisation, qui comme à un moment donné du parcours de l'enquêtée se clôt par un événement policier, qui cette fois vient déterminer la structure monoparentale de sa famille.

Dans d'autres cas de figure comme celui de Mme D, la précarisation se traduit aussi par une forme d'errance résidentielle qui démarre à partir d'une décohabitation conflictuelle du domicile parental. Mais elle garde un caractère moins marginalisant que celle précédemment définie, dans la mesure où elle fait intervenir des liens faibles et leur mode de résidence formel qui conserve un caractère sécurisant. Elle prend la forme d'un « vagabondage résidentiel » qui s'apaise par le biais de la rencontre d'un partenaire détenant un logement acquis de manière formelle. C'est ce qu'illustre l'extrait d'entretien sous-cité.

> « Je me suis retrouvée en fait chez des copines, un peu à gauche, à droite et tout. Après tout le monde a essayé de me raisonner pour que je retourne chez mes parents. Ils ont dit qu'ils allaient parler à mes parents, tout ça et tout. C'est vrai aussi, que lorsqu'on était plus jeune, mes parents étaient vraiment sévères […]. Je me suis retrouvée aussi en galère. J'ai dormi plusieurs fois dehors. Parfois quand j'appelais mes frères et sœurs pour leur demander s'ils pouvaient me ramener à manger ou des affaires et trucs. Et ben, je n'avais pas de retour quoi. C'est-à-dire qu'ils ne m'aidaient pas quoi.
>
> Mais après, j'ai rencontré quelqu'un qui m'a hébergé pendant un long moment et tout. C'est devenu mon petit-ami. En fait, nous sommes restés trois ans ensembles. On s'est mis en couple. Je voulais vraiment me marier avec cette personne-là, je me suis dit, j'ai trouvé la bonne personne. Il était antillais et je me suis dit que j'allais faire ma vie avec lui. En fait, ça m'a aidé à me remettre sur les rails, car j'ai cherché du travail. J'ai passé mon permis. J'ai vraiment tout fait et tout. Et après, je me suis dit que ça serait bien que j'aille voir mes parents et tout. C'est à dire que je voulais vraiment avoir une situation claire, être mariée, tout ça, tout ça. Finalement, avec cette personne là, ça n'a pas suivi et du coup, on s'est séparé. ». **(Entretien de madame D, 32 ans, nationalité française, 1 enfant, bénéficiaire du RSA depuis 2012).**

De cet extrait d'entretien, la recherche d'un mode de résidence sécurisant conserve un lien fort avec la rencontre d'un partenaire. Elle semble encourager ce type de rencontres dans le sens où elles peuvent donner lieu à une stabilité résidentielle. Mais lorsque la rencontre a lieu et qu'elle offre une possibilité d'être loger à longs termes, le quotidien du couple glisse progressivement vers un mécanisme de précarisation induit par un rapport de domination envers la femme et qui se traduit par des violences. C'est ce que vie Mme Mo et que rapporte son discours sous présenté.

> « (Les tremblements de voix de Mme Mo, ses hésitations et ses silences maqués trahissent son émotion) Quand j'étais avec lui, dès fois, il me tapait. (Sa voix tremble, madame pleure). Excusez-moi ! Dès fois, il me tapait et tout et tout. Une fois même en fait, il m'a tapée et il m'a laissée dans les escaliers, c'était l'anniversaire de Dylan. Il m'a laissée dans les escaliers. Il me battait aussi devant les enfants. Et j'arrêtais pas de me dire, faut que le quitte définitivement. Quand j'ai rencontré le papa de Braxton, le père de mon dernier enfant, c'est moi qui ai voulu sortir avec lui.
>
> J'allais quitter mon ex, mais je n'y arrivais pas. Parce que je vous ai dit que je suis retournée chez mes parents trois fois. A chaque fois, il faisait un truc et j'étais obligée de lui pardonner. Même la 2ème fois, les enfants avaient commencé l'école chez mes parents. Il est venu les prendre sans me dire. Et après je lui ai encore pardonné. En fait, c'est toujours la pitié qui me faisait revenir en arrière. Quand j'ai rencontré le papa de Braxton, je me suis dit bon pourquoi pas. Parce que mon ex, m'a toujours dit : t'inquiète pas avec 2 enfants, tu trouveras jamais personne qui va t'aimer et tout et tout. Et quand tu entends ça tous les jours, bah après, tu n'as pas envie de le quitter. Bah en fait, le papa de Braxton m'a aidé à quitter mon ex. Comme j'avais dû mal à le quitter, il m'a permis de le quitter définitivement. Je suis restée 10 ans avec mon ex, donc j'avais beaucoup de mal à le laisser. En fait, je suis sortie avec lui par pitié et même pas trois mois après être sortis ensembles, je suis tombée enceinte. **(Entretien de madame Mo, 30 ans,**

arrivée en France à 13 ans, 3 enfants, bénéficiaire du RSA depuis 2011).

Les violences précisées dans ce discours, sont ici considérées non comme des facteurs de précarisation, mais comme une situation de précarisation. Les raisons de celle-ci peuvent reposer sur le déséquilibre qui se pose entre les partenaires en termes de détention d'objet de pouvoir à l'avantage de l'homme, et d'une forme de dépendance de la femme à l'égard ce dernier, d'un manque de perspective pour elle en termes de logement. D'autres facteurs définis ici comme des handicaps sociaux, viennent se greffer à ceux précédemment présentés, sans toutefois qu'ils ne concernent tous les cas observés. Il s'agit notamment des expériences conjugales croisées aux situations migratoires.

Vie conjugale et situation migratoire

Certaines données de terrain permettent d'affirmer que les femmes en couple avec des conjoints en situation migratoire liée à l'obtention de papier, à l'entretien de liens forts à longue distance peuvent être des facteurs de précarisations. Cette idée semble valable dans la mesure où certaines femmes ayant connu cette situation, se sont retrouvées à faire de nombreux efforts les tirant vers le bas pour une forme de bien-être de leur partenaire. Ce bien être implique une famille comptant femme et enfants (restés dans le pays d'origine) pour lesquels une part importante des efforts économiques effectués par les membres du couples vivant ici en France est réservée, sans que cette situation ne favorise d'aucune manière le « bien-être » du couple et de la conjointe vivant ici. C'est ce que révèle le discours de deux enquêtées dont une part est sous présentée.

« Quand j'ai rencontré le père de mon dernier enfant, j'ai commencé à avoir des sentiments pour le père de Braxton et tout et tout. Mais lui, il m'a directement expliqué qu'il avait laissé une femme et des enfants au pays. Et quand il est arrivé ici, tout l'argent qu'il gagnait, il envoyait ça au pays. Ça ne faisait même pas un an, qu'il était en France, qu'il avait déjà envoyé 4000€ pour que sa femme et ses deux enfants viennent. La première a 6 ans et la petite, elle vient d'avoir 4 ans. Moi à la base, je l'ai aimé direct. Mais lui en fait, ce n'était pas ça […].

Ça, c'était pas bon. Ça, c'était pas bon. Parce que j'étais censé retrouver au moins une vie professionnelle et une stabilité. Mais ce n'était pas bon. J'ai expliqué un truc à ma mère, je ne sais pas, on peut toujours dire que je suis bête, et tout et tout. Mais bon, moi j'ai fait ça parce que lui, il se plaint toujours par rapport à ses enfants qui sont au pays. Il a des soucis aussi par rapport à ces papiers. C'est pour ça, cette fille a une emprise sur lui, par rapport aux enfants. Et bon, je me suis dit que peut-être qu'en lui donnant un bébé, peut-être que…(Silence). Madame soupire. Moi j'ai vraiment besoin de me poser avec lui. Mais je ne sais pas comment ça va se passer à la longue. Parfois, quand je suis avec lui, il y a sa copine qui l'appelle. Et lui en fait, il n'arrive pas à prendre parti. Il ne peut pas me défendre. D'un côté aussi, parce qu'il a peur pour ses petits et d'un côté, c'est pour moi aussi. **(Entretien de madame Mo, 30 ans, arrivée en France à 13 ans, 3 enfants, bénéficiaire du RSA depuis 2011).**

« La mère des enfants sait que l'on est ensemble, comme c'est lui qui a envoyé l'argent pour qu'elle vienne ici. (Silence, madame soupire). Donc c'est à cause de lui aussi si qu'on est dans cette situation. Il est tiraillé des deux côtés. Moi ce qui me fait mal, c'est parce que j'ai essayé de l'aider. Comme par hasard, j'ai pris 1500€ de ma réserve d'argent, je lui ai donné l'argent pensant que c'était pour le visa pour sa fille. Or, la meuf, en fait c'est elle qui est venue avec notre argent. Et là, elle est en Grèce. C'est elle qui me (Madame souffle). Même son nom, je ne peux même pas sentir son nom. Et là j'attends. Ça me perturbe car je ne sais pas comment sera notre couple. Je ne sais pas quel sera notre l'avenir. Donc là encore c'est compliqué. Donc j'attends. Mais lui, il me dit qu'il n'a plus rien à voir entre eux et tout et tout. Mais bon l'avenir nous le dira. Là, on est en train d'attendre, si elle arrive ici Dieu merci. Et si, elle n'arrive pas, Dieu Merci aussi ». **(Entretien de madame Mo, 30 ans, arrivée en France à 13 ans, 3 enfants, bénéficiaire du RSA depuis 2011).**

La situation que rapporte Mme Mo dans l'extrait suscité, traduit une forme d'exploitation permise par le prétexte de « l'amour » et d'un manque de clairvoyance de notre enquêtée à l'égard de l'orientation que va prendre son couple. Cette situation suscite la question de savoir les raisons qui motivent Mme Mo à accepter une telle situation au point de souhaiter fonder une famille avec une personne qui l'exploite d'une certaine façon, et de dépenser une forte somme d'argent représentant une part de ses économies. Une des seules réponses qui se présente à nous semble reposer sur un sentiment de solitude et un manque de discernement, une sorte de faiblesse de l'être qui en situation de danger, s'y engouffre pour éviter de rester seule. Cette dernière idée est appuyée par l'extrait d'entretien de Mme D.

> « (…) Je suis restée cinq ans célibataire, parce que j'ai été pas mal déçue. Pourtant, j'ai pas mal de gens qui m'ont demandé en mariage et tout. Mais c'est vrai que j'avais peur de m'engager avec quelqu'un et que ça ne va pas être sûr et tout. Jusqu'à ce que je rencontre le père de mon fils. C'est-à-dire que je le connaissais un peu d'avant, mais on n'avait pas plus d'affinités.
>
> On se connaissait depuis le Mali, car on vient tous du même village. C'est vrai qu'après, c'est tout petit. Donc on se connaît forcément de loin ou de près. Et ouais, du coup on a pas mal discuté et tout, mais je ne sais pas, je ne peux même pas expliquer pourquoi en vérité. Pour moi, c'est parce que, peut-être que je suis restée trop longtemps seule où voilà quoi. En fait, j'ai fait confiance trop vite. J'ai donné ma confiance trop rapidement» **(Entretien de madame D, 32 ans, nationalité française, 1 enfant, bénéficiaire du RSA depuis 2012).**

Si cet extrait du discours de Mme D pose le sentiment de solitude comme motif du choix de rester avec une personne connaissant des difficultés migratoires pénalisantes pour elle et pour son couple. L'extrait suivant permet d'aller plus loin en offrant d'autres motifs liés à la ruse, où Mme D fait l'objet de la parfaite proie.

« Et lui, il m'avait dit qu'il avait ses papiers tout ça et tout. Et moi après, j'ai pas de vérifications, je me suis dit bon, il m'a dit qu'il avait ses papiers et tout ça. Et du coup, en fait il avait menti sur pas mal de choses. Déjà il m'a dit qu'il était plus vieux que moi, mais il était plus jeune. Même par rapport à la religion, il m'a dit qu'il était pratiquant, en fait il n'est pas pratiquant. Il m'a dit qu'il avait ses papiers, or il était sans papiers. C'est vrai que tout ce sur quoi, il avait menti, c'était pour moi, une garantie de me mettre avec quelqu'un de sérieux. Du coup, quand je m'en suis rendue compte, bah c'était un peu trop tard. Je me suis dit bon, là je suis enceinte et tout. Aller voir mes parents comme ça, ça ne va pas le faire. Donc je me suis dit, ce n'est pas grave, il y a pire que ça, donc je vais prendre ce que j'ai. Donc j'ai vraiment relativisé, en me disant que c'est pas grave, je fais ma vie avec lui et tout. En plus, il n'y aura pas de qu'en dira-t-on, donc voilà. Déjà en plus, je suis tombée enceinte hors mariage et tout ça. Du coup, ça mettait quand même la pression. Du coup, je me suis dit c'est pas grave et tout, je vais faire en sorte que tout aille pour le mieux, tout ça. Sauf qu'au fur et à mesure du temps, je me rendais compte qu'il n'y avait aucun investissement de sa part.

Par contre, il était déjà en France. Donc, je n'ai pas eu besoin de faire les démarches. En plus, je crois qu'il est venu par visa, un truc de visa frauduleux. Je n'ai pas eu tout ça à gérer parce qu'il était déjà en France. Et quand, je l'ai connu, il travaillait avec les papiers de son frère. Mais il travaillait tout ça et tout. Jusqu'à ce que je me rende compte, bah voilà quoi, il n'avait pas ses papiers. Après, il a dit bon, il va en parler avec ses parents et mes parents pour le mariage tout ça et tout. On a décidé de faire le mariage quand même. Et en fait, les trois premiers mois, il s'est dit tant mieux et tout. Comme ça au moins, il aura ses papiers vite fait. Comme je savais maintenant qu'il n'avait pas ses papiers, et bah, il voulait que je fasse en sorte de suivre la procédure pour qu'il ait ses papiers rapidement. **(Entretien de madame D, 32 ans, nationalité française, 1 enfant, bénéficiaire du RSA depuis 2012).**

La ruse sus-évoquée apparait dans l'extrait précité sous la forme d'un mensonge, clairement assumé et non vérifié qui non seulement font des femmes des parfaites victimes, mais aussi l'outil des stratégies migratoires extrêmement violentes dans laquelle, la constitution d'une vie conjugale et surtout familiale ici en France apparaissent comme les moyens les plus efficaces pour l'obtention de titre de résidence, voire d'une naturalisation dans le but de réaliser des projets migratoire destinés à un autre cercle familial. Mais lorsque le subterfuge est démasqué, certaines femmes prennent conscience de leur pouvoir à l'égard de leur partenaire et pose leurs conditions, mais à ce stade de l'évolution de la stratégie de leur partenaire, le rapport de force à leur désavantage semble déjà posé et se déploie sur elle. C'est ce qui ressort du discours suivant.

« Bah moi, je lui ai dit, bah non c'est pas comme ça parce que voilà. Ça veut dire que d'abord faut que tu t'occupes de nous, et après on discutera des papiers tout ça. Et en fait, pendant ma grossesse, au lieu que ça s'améliore et ben ça c'est empiré. C'est-à-dire qu'il ne me donnait pas à manger. Parce que moi, j'avais arrêté de travailler, comme je travaillais en auto-entrepreneur et ben, je n'avais aucun revenu en dehors de ce que je gagnais et tout. Les stands, les déplacements, c'était devenu impossible pour moi. Je n'en pouvais plus.

Pourtant, je ne suis pas quelqu'un qui suis là et qui pleure sur mon sort. Enfin, je suis vraiment courageuse et volontaire mais là je n'y arrivais plus. C'était ma première grossesse. Du coup, j'étais un peu perdue. Et je pense que lui, en a profité pour me mettre la pression encore plus pour avoir ses papiers tout ça. Sauf que moi, au bout d'un moment, j'ai craqué et je lui ai dit de partir tout ça et tout. Enfin, je voulais lui mettre la pression, je me suis dit, il va revenir en changeant. Mais en fait, non, il est parti et il s'en fou. Quand il m'appelle, c'est soit pour dire il veut voir son fils, soit pour savoir si j'ai commencé les démarches ou si j'ai entamé quelque chose pour ses papiers. C'est vraiment dans un intérêt. En fait, je ne comprends pas en vérité parce que mon état d'esprit, comment moi je suis indépendante, comment je suis voilà quoi. En fait, ce n'est pas une relation qui me correspondant. Elle n'est pas épanouissante, c'est-à-dire qu'elle me tire plus vers le bas. Il me prend mon énergie (…) C'est vraiment stressant. Parce qu'en fait, il envoi des gens qui viennent me voir et m'appelle constamment. Quand, je sais que c'est les membres de sa famille, je raccroche.

Mais maintenant, les gens se déplacent carrément pour venir sonner à ma porte. Quand je suis là, j'évite d'ouvrir mais c'est quand même désagréable que quelqu'un insiste longtemps. Et en fait, je pense que lui, il se dit qu'il ne veut pas rester sur un échec parce qu'il veut à tout prix ses papiers. C'est plus de pression, mais en vérité, il fait moins d'effort.
Quand les personnes viennent sonner, ils viennent me parler par rapport à mon mari. Parce que ce n'est pas une situation et qu'il faut que je pense à mon fils. Que la vie ça tourne, aujourd'hui, c'est moi qui l'aide mais demain peut-être que lui m'aidera. Chez nous, y'a beaucoup, beaucoup ça. C'est-à-dire que chez nous, même si la femme, elle va dire qu'elle est battue tous les jours et tout ça, personne va vouloir se prononcer pour lui dire, tu as eu raison de quitter ton mari et tout. Les gens, ils vont toujours essayer de recoller les morceaux. Chez nous, c'est comme ça, il faut subir et accepter. Les choses peuvent changer donc faut accepter la situation. Je me suis séparée à cause des violences, parce que lui quand il voit qu'il peut plus rien me faire, que je ne réagis pas quand il me met la pression et bah il va en venir aux mains. Pendant que j'étais enceinte, il m'a frappé. Après ma grossesse, il m'a frappé deux fois aussi. Du coup, j'ai arrêté la relation parce que je ne pouvais plus continuer comme ça.

Il y a eu aussi beaucoup de violences verbales. C'est vrai que même avec mon ex-mari, je n'étais pas du tout habituée à ce genre de violence. Ça se traduisait par des insultes, des mots blessants, tout ça, tout ça. C'était très dur » **(Entretien de madame D, 32 ans, nationalité française, 1 enfant, bénéficiaire du RSA depuis 2012).**

L'extrait de discours de Mme D précité, permet d'observer la stratégie migratoire sus-évoquée où lorsque le rapport de force est marqué pour l'homme, sa violence s'abat de plein fouet sur sa compagne. La manifestation de cette violence est particulièrement palpable lorsque Mme D se retrouve enceinte, une situation qui, sous l'angle de la stratégie du « partenaire bourreau », apparaît comme un état de faiblesse sur lequel il pourra davantage dominer sa proie en n'intervenant pas lorsque cela s'avère nécessaire, et battant sa compagne et en dernier ressort en déployant un réseau de connaissances. Ce réseau participe à une forme de pression, car les membres se présentent régulièrement au logement de Mme D de manière intempestive et insistante, invoquant des formes de solidarités traditionnelles. Ces cas de figure ont ceci de particulier qu'ils mettent la lumière sur des formes de violence ethniques insoupçonnées, où la femme devient une proie pour l'homme.

En plus, d'une vie de couple difficile, nombreuses des femmes enquêtées sont victimes de violences conjugales de la part de leur partenaire. Ce qui vient renforcer les facteurs de précarisation et qui renvoie à une fragilité de l'être. Certaines ne trouvent pas immédiatement les ressources pour s'échapper de cette situation. Parfois lorsqu'elles trouvent les ressources nécessaires pour partir c'est au profit d'un nouveau partenaire qui, par la suite, s'avère également violent. C'est que nous verrons en détail aux travers des discours ci-dessous.

Victimes de violences conjugales

Il s'agit de montrer ici les réalités des femmes qui s'entremêlent entre ruptures et reformation de nouvelles vies conjugales dans un climat de violences. Alors que certaines trouvent la force de quitter leur partenaire pour d'autres cela semble plus difficile. Elles se retrouvent alors face à un dilemme, entre partir mais cela nécessite des ressources personnelles importantes et une construction identitaire affirmée, ou subir en attendant que ce dernier change et cesse ses violences. Or certaines ne trouvent ni la force et le courage de partir quand commencent les premiers épisodes de violences. C'est ce que relatent les discours des enquêtées.

« Mon premier conjoint me tapait tout le temps. On était tout le temps au commissariat. Donc, d'ailleurs, c'est la juge qui a vraiment conseillé qu'on se sépare ». (…) Il n'est pas le père de mon premier enfant. Le premier enfant, je l'ai eu, je suis tombé enceinte, le père n'a même pas voulu de l'enfant. Donc, je suis partie avec le deuxième et c'est le deuxième conjoint qui a reconnu mon premier enfant. Et c'est avec lui, qu'il avait de la violence, il me tapait et m'insultait à chaque fois. Il me rabaissé en disant que j'étais grosse et que je sens mauvais. Je ne sais pas pourquoi, il était méchant comme ça avec moi. Mais au fond de moi, je supportais pour mes enfants. Je ne voulais pas qu'ils aient la même vie que moi. (Silence). J'aurai tellement voulu leur apporter un équilibre, chose que je n'ai jamais eu. Puis, un jour il est parti. Il m'a dit qu'il a trouvé une nouvelle copine et puis, il est parti». **(Entretien de madame T, 30 ans, nationalité française, 5 enfants, bénéficiaire du RSA depuis 2006).**

« Quand j'étais avec lui, dès fois, il me tapait. (Madame est très émue, les tremblements de voix de Mme Mo, ses hésitations, ses silences marqués trahissent son émotion). Excusez-moi ! Dès fois, il me tapait et tout, et tout. Une fois même en fait, il m'a tapé et il m'a laissé dans les escaliers, c'était l'anniversaire de Dylan. Il m'a laissé dans les escaliers. Il me battait aussi devant les enfants. Et j'arrêtais pas de me dire, faut que le quitte définitivement. Quand j'ai rencontré le papa de Braxton, c'est moi qui ai voulu sortir avec lui (…) J'allais quitter mon ex-compagnon mais je n'y arrivais pas. Parce que je vous ai dit que je suis retournée chez mes parents trois fois. A chaque fois, il faisait un truc et j'étais obligée de lui pardonner. Même la deuxième fois, les enfants avaient commençaient l'école chez mes parents. Il est venu me prendre les enfants sans rien me dire. Mais bon, après je lui ai encore pardonné. En fait, c'est toujours la pitié qui me faisait revenir en arrière. Et quand j'ai rencontré le papa de Braxton, je me suis dit bon pourquoi pas. Parce que mon ex, m'a toujours dit : t'inquiète pas avec 2 enfants, tu trouveras jamais personne qui va t'aimer et tout et tout. Et quand on te dit toujours ça, bah après, tu n'as pas envie de le quitter. En fait, il m'a aidé à quitter mon ex. Comme j'avais dû mal à le quitter, il m'a permis de le quitter définitivement. Je suis restée dix ans avec mon ex, donc j'avais beaucoup de mal à le laisser. En fait, je suis sortie avec lui par pitié et même pas trois mois après, je suis tombée enceinte ». **(Mme Mo, 30 ans, arrivée en France à 13 ans, 3 enfants, bénéficiaire du RSA depuis 2011).**

« Je me suis séparée parce qu'il y avait des violences conjugales. C'est pour ça aussi que je me suis séparée, parce que lui quand il voit qu'il peut plus rien me faire, que je ne réagis pas quand il me met la pression et après il va en venir aux mains. Pendant que j'étais enceinte, il m'a frappé. Après ma grossesse, il m'a frappé deux fois aussi. Du coup, j'ai arrêté la relation parce que je ne pouvais plus continuer comme ça. Il y a eu beaucoup de violences verbales. C'est vrai qu'avant de rencontrer mon ex-mari, je n'étais pas du tout habituée à ce genre de violences. Cela se traduisait par des insultes, par des mots blessants, tout ça, tout ça. C'était très dur » **(Entretien de madame D, 32 ans, nationalité française, 1 enfant, bénéficiaire du RSA depuis 2012).**

Indépendamment des handicaps sociaux sus-présentés comme facteurs cumulés de la précarisation de longue durée, il apparaît dans le discours des enquêtées d'autres facteurs plus attendu liés aux liens faibles. Voyons cette idée plus en détail.

Un réseau de liens faibles quasi inexistant

Il s'agit de montrer ici que la situation de précarité de longue durée des enquêtées est confortée par un manque de liens faibles. Or ce type de liens, comme le souligne Gravenotter (2009), favorise la recherche et l'obtention d'un emploi. Mais pour les enquêtées comme Mme Mi, ces liens semblent quasi inexistant au moment où elle connaît la situation de mère seule bénéficiaire du RSA durant une longue période. C'est ce que traduit son discours sous cité.

« On avait des amis en commun avec le père de Dylan. Mais quand on s'est séparé. Il a retourné tous les gens contre moi. Donc je peux dire, que par rapport aux gens qu'on connaissait. Il ne me reste plus qu'une copine, qui n'habite pas ici. Elle habite à Lyon. Et une autre copine avec qui j'ai grandi, qui habite à Brunoy. Elle aussi est dans le même cas que moi. Mais sinon, sincèrement, je n'ai pas d'amis. Parce que les amis que j'étais censée avoir, ils m'ont laissée tomber par rapport au papa de Dylan » **(Entretien de madame Mo, 30 ans, arrivée en France à 13 ans, 3 enfants, bénéficiaire du RSA depuis 2011).**

En réalité, ce discours révèle peu de chose concernant les liens faibles de Mme Mo car ceux évoqués dans son propos sont des liens communs au couple. Or, il serait intéressant de savoir qui dans le couple a constitué ses liens ou de connaître la part de chacun des membres du couple dans leur formation. Le peu de liens fiables qui persiste pour Mme Mo après sa séparation de son conjoint ne semblent être porteurs, dans le sens où soit il renvoie à une personne située à une grande distance géographique de Mme Mo soit il renvoie à une personne qui connaît la même situation qu'elle, ce qui peut laisser supposer un manque d'opportunité offerte par ces rares personnes.

Le discours de Mme A, montre également une faiblesse des liens fiables. A l'inverse de madame Mo, madame A semble plutôt dans une forme de protection à l'égard des personnes extérieures. Dans son discours on peut souligner une forme de méfiance car elle ne souhaite pas trop développer les liens fiables. Elle l'explique par le fait qu'elle souhaite préserver sa famille et qu'elle ne souhaite plus qu'une personne extérieure vienne s'immiscer dans sa vie familiale. C'est ce que relate son propos ci-dessous :

117

« J'ai des amis avec qui je parle au téléphone, mais pas tout le temps. Mais des amis qui viennent chez moi, non je ne veux pas. Je me protège parce que ma vie n'a pas été facile et je ne veux pas que des gens me causent des problèmes. Alors je ne veux pas exposer ma famille avec n'importe qui ». **(Entretien de madame A, 29 ans, arrivée en France à 19 ans, 3 enfants, bénéficiaire du RSA depuis 2006).**

Enfin, les entretiens font également ressortir un facteur relatif à la stigmatisation figurant parmi ceux qui ancrent Mme D dans une précarité de longue durée. Nous proposons de développer cette idée dans la sous-section suivante

L'impact des regards stigmatisant

Par le titre qui précède, nous souhaitons dire que la situation précaire que connait une part des enquêtées est aussi confortée par les regards stigmatisant qui s'abattent sur elle. Ces derniers concernent les membres de sa famille dont les discours accablent Mme Mo, lui dressent une image négative d'elle-même. Ces regards semblent peser à tel point qu'ils suscitent un désintérêt pour la formation au profit d'une volonté de travailler et ce au risque de ne se contenter que des emplois les moins qualifiés et offrant peu de possibilités de mobilité sociale. Observons cette idée dans le propos suivant tenu par Mme Mo.

« Ce qui me gêne avec le RSA, ce sont les obligations d'accompagnement social et d'insertion professionnelle. Parce qu'à n'importe quel moment, on peut vous envoyer faire une formation. Alors que moi, je ne veux plus faire de formation. J'aurai bien voulu déjà travailler. Parce que je ne veux plus faire de formation. Parce que même par rapport à ma famille, je suis considérée comme quelqu'un qui me la coule douce. En fait, pour eux c'est comme si je ne fais rien de ma vie.

Tant que je n'ai pas commencé à travailler, ils vont toujours continuer à me critiquer. Pour ma famille si tu ne travailles pas, c'est comme si tu sers à rien. Ils me reprochent de n'avoir jamais travaillé et de ne rien faire de ma vie.

Même si le RSA m'aide à payer le loyer. Mais bon, ça reste une honte de toucher le RSA. (Madame souffle.) Parce qu'en fait, quand tu travailles, tu as une estime de toi. Tu sors le matin et tout et tout. Il n'y a personne pour te dire quoi que ce soit, parce que tu sors le matin. Mais moi, mon problème, c'est qu'on n'arrête pas de me dire, tu ne te réveilles pas le matin. Tu ne sais pas comment ça se passe. C'est de l'argent facile pour toi. Mais en fait, ils ne savent pas qu'on a vraiment besoin de ça. Ce n'est pas que j'ai envie de rester au RSA ou de manger que le RSA. Moi avant, quand j'étais avec le papa de Dylan, je ne percevais pas le RSA. Donc, si j'ai demandé le RSA, c'est parce que j'étais vraiment dans le besoin » **(Entretien de madame Mo, 30 ans, arrivée en France à 13 ans, 3 enfants, bénéficiaire du RSA depuis 2011).**

« Pour moi le RSA, c'est une honte. Il y a des gens qui te sortent, tu fais des enfants pour le RSA. Les gens disent que je gagne beaucoup d'argent. Ou sinon ils me demandent si je fais des enfants pour le RSA ou quoi ? Quelqu'un m'a dit un jour que j'avais une belle vie. Une belle vie… (Madame sourit). Vous connaissez beaucoup de gens qui ont une belle vie en touchant le RSA. Les gens considèrent que les personnes comme moi, profitent du système. Par exemple, j'ai une cousine qui m'a dit qu'elle travaille pour moi.

Bah oui, elle travaille et elle paye des impôts pour moi. On m'a dit aussi, que je devrais construire une maison avec tout ce que tu gagnes. Les gens vous rabaissent, même si c'est par la plaisanterie. Mais en fait, ils vous rabaissent. J'ai une collègue qui a su que j'avais cinq enfants. Elle m'a demandé pourquoi je travaille. Parce que selon elle, je ne dois pas travailler. Je dois gagner au moins 3000€ par mois. Ah d'accord. (Madame rigole). Pour eux, je touche 4000€ par mois. Qui est tellement bête ? Vous pensez vraiment que si je touche même 2000€ par mois, vous croyez vraiment que j'irai travailler. Donc les gens ils ne connaissent rien de ta vie. Mais ils vous parlent d'une belle vie ou je ne sais quoi. Soit il te critique, soit ils font semblant » **(Entretien de madame T, 30 ans, nationalité française, 5 enfants, bénéficiaire du RSA depuis 2006).**

Il ressort des entretiens de Mme Mo et Mme T un enfermement à double tour dans le regard négatif que leurs familles et amis leur renvoient d'elles-mêmes. Cette idée se vérifie avec la formulation disant « ça reste une honte de toucher le RSA », accompagnée d'un soupir et de la place qu'elles donnent à l'occupation d'un emploi dans la construction de ce qu'elle nomme l'estime de soi. Par ailleurs, bien que Mme Mo tente de justifier sa situation pour se défendre des regards stigmatisant, elle ne traduit rien en termes d'initiatives qui lui permettent de d'échapper à sa situation précaire. Pour madame T, les grossesses répétitives et un manque de formation l'ont maintenue dans une précarité de très longue durée depuis 10 ans. Cette dernière rencontre des difficultés pour trouver un emploi. Le cumul des responsabilités familiales freine son insertion professionnelle, car ses enfants sont encore en bas-âges. En outre, elle fait face à de nombreuses critiques et préjugés au sujet de sa composition familiale nombreuse. Bien que certaines de ces remarques soient formulées sur le ton de la plaisanterie, il semble y avoir un fond de vérité, relève madame T.

En définitive, l'ensemble des facteurs sus-présentés valide notre seconde hypothèse. Ils renvoient, à une série de situations complexes qui convoquent dans la plupart des cas le passé des enquêtées. Il s'y mêle des situations complexes où interviennent des problématiques diverses liées à la formation, à la qualification, à l'emploi, à la migration, etc. Parmi ces facteurs, certains semblent peser plus que d'autres. C'est notamment le cas des facteurs liées à la formation et à l'emploi, et à la nature des liens familiaux lorsque les enquêtées connaissent des situations de décohabitation parentale.

CONCLUSION

Au travers de cette recherche nous cherchions à comprendre les facteurs de maintien ou de sortie de la précarité de longue durée des familles monoparentales bénéficiaires du revenu de solidarité active (RSA). Pour comprendre ce phénomène, nous nous sommes posé la question de savoir pourquoi les familles monoparentales bénéficiaires du RSA, suivies par l'antenne sociale de la Caisse d'Allocations Familiales (CAF) s'inscrivent-elles dans une précarité de longue durée ?

Le RSA est subordonné d'un accompagnement social renforcé pour permettre aux familles monoparentales de sortir plus facilement de la précarité. Or, ces dispositifs spécifiques d'aide publique et d'accompagnement en faveur des familles monoparentales bénéficiaires du RSA ne leur permettent pas de sortir de la précarité de longue durée même si l'impact des transferts sociaux (RSA, allocations familiales, etc.) est significatif sur les conditions de vie et la réduction du taux de pauvreté des familles monoparentales. Il n'en reste pas moins qu'elles sont dans une grande vulnérabilité sociale malgré les dispositifs existants. Ce qui se traduit par une temporalité significative dans le dispositif RSA pouvant aller jusqu'à dix ans pour certaines des familles observées.

Forte de ce constat de terrain, nous avons élaboré deux hypothèses. La première repose sur l'idée selon laquelle certaines familles monoparentales engagent une « carrière de précarité » du fait de leur parcours migratoire et

121

trouvent dans la précarité des outils leur permettant de s'insérer socialement et de manière progressive. La seconde hypothèse défend l'idée que d'autres familles de nationalité française cumulent très tôt des handicaps sociaux qui les ancrent dans des situations de précarité.

Les facteurs de précarisation de longue durée s'inscrivent dans un contexte global qui nécessite de tenir compte des composantes tant objectives (contexte économique, social, familial) que des composantes subjectives liées aux vécus et à la dimension affective des parcours de vies de notre population d'étude. En effet, la précarité de longue durée est appréhendée différemment en fonction des individus. Certaines familles observées s'engagent dans une précarité de longue durée du fait de leur parcours migratoire qui nécessite alors d'interroger leur situation depuis leur pays d'origine. D'autres s'inscrivent dans une précarité de longue durée suite à un cumul de handicaps sociaux qui les ancrent dans une précarité de longue durée (faible niveau de formation, ruptures familiales précoces, succession de grossesses...).

Pour vérifier ces éléments de réponses provisoires, nous avons exploré la littérature qui aborde la question de la monoparentalité et de la précarité. Suite à quoi, il nous a paru opportun de retenir l'approche des processus pluriels pour mieux appréhender le croisement de la monoparentalité et de la précarité. Cela renvoie à l'environnement global des familles monoparentales en tenant compte des ressources matérielles, des affiliations, des relations sociales, et de leurs trajectoires.

Le terrain d'étude sur lequel nous avons évolué durant cette recherche est une antenne sociale de la CAF de l'Essonne. Cette antenne regroupe des travailleurs sociaux de types assistants sociaux, conseillers en Economie Sociale et Familiale. La mission de ces derniers est principalement l'accompagnement social des familles monoparentales bénéficiaires du RSA ayant en charge un enfant de moins trois ans. Cela se traduit par un accompagnement social renforcé des familles en question pour les aider à sortir de la précarité. La particularité de ce terrain consiste dans le fait qu'il n'est pas inconnu du chercheur. Mais il lui est familier car il y travaille comme travailleur social. Par conséquent, il a été important pour le chercheur de prendre de la distance pour éviter les prénotions et les évidences.

En outre, l'échantillon s'est construit sur la base de familles monoparentales bénéficiaires du RSA depuis plus de trois ans. Cette temporalité peut aller jusqu'à dix pour certaines familles enquêtées. Afin de comprendre les mécanismes et les logiques qui conduisent ces familles monoparentales bénéficiaires du RSA dans une précarité de longue durée nous avons mené des entretiens semi-directifs. En effet, cette technique nous a permis de comprendre le phénomène de l'intérieur. Les entretiens semi-directifs nous ont également permis de mieux cerner les facteurs objectifs et subjectifs favorisant la précarité de longue durée de ces familles

Notre population d'étude est perçue comme le « reflet » d'une société qui connaît des mutations et transformations sociales et économiques. Ce modèle familial réduit ne se s'est pas construit tout seul mais au travers d'une histoire, celle de l'évolution des modèles familiaux. La famille monoparentale possède une historicité qui nécessite de questionner les changements socio-économiques qui impactent ces structures familiales actuelles. Même si ces familles sont réduites et semblent plus fragilisées par leur composition, elles n'en restent pas moins des familles. La famille monoparentale est aussi considérée comme capable de s'adapter à l'environnement dans lequel elle se trouve. Ces familles mobilisent (inégalement) des « outils » de sortie de la précarité de longue durée tels que les dispositifs d'aide et d'accompagnement.

Elles sont également définies comme captives des logiques et des mécanismes de précarisation qui contribuent à les ancrent dans une longue précarité. Ces mécanismes sont de plusieurs ordres en recouvrant des situations personnelles comme le faible niveau de formation, des grossesses successives, peu d'expérience professionnelle, etc.

PRECONISATIONS

Ce travail nous a permis de saisir que toute étude qui se veut interactionniste doit tenir compte des aspects environnementaux et des aspects individuels. Il serait donc important que les décideurs mettent l'accent sur des politiques publiques de lutte contre la précarité et les inégalités sociales de manière plus efficiente. A cet égard de nombreuses questions émergent à propos d'alternatives en mesure d'assurer une meilleure intégration des familles monoparentales. Il s'agit par exemple de savoir quel rôle pourrait jouer le parent non gardien, comment l'Etat pourrait intervenir pour lui reconnaître un rôle, ou encore de questionner les moyens offerts aux organismes sociaux qui mettent en place l'accompagnement renforcé auprès ces familles.

Suite aux différentes lectures effectuées pour la réalisation de ce mémoire, nous pouvons citer quelques pistes d'amélioration pour aider ces familles à sortir de la précarité de longue durée.

Premièrement, « l'accès à l'éducation dans toutes ses dimensions (y compris l'éducation de la sexualité, qu'elle soit biologique, affective ou culturelle et ses corolaires : maîtrise de la fécondité et prévention des grossesses précoces) et à la formation professionnelle, constituent deux enjeux primordiaux de la lutte contre la précarité et l'exclusion sociale » (Duhamel, 2013, p. 85).

Une sortie précoce du système scolaire est une caractéristique associée à un risque élevé de pauvreté. Si faire des études n'est pas un bouclier contre les situations de précarité, il n'en demeure pas moins que « la maîtrise des savoirs de base demeure un moyen essentiel pour éviter la pauvreté durable et être en capacité de progresser » (Duhamel, Ibid.).

Deuxièmement, l'amélioration de la qualité et des conditions d'exercice du travail notamment le travail à temps partiel pour ces familles qui sont souvent confrontées à ce type d'emploi. Chez les familles observées, le manque de formation et d'expérience professionnelle constitue un facteur de poids dans la précarité de longue durée. Dans cet ordre d'idée, il faudrait faciliter l'accès à la formation, l'amélioration de la qualité des conditions de travail, l'articulation entre vie professionnelle et familiale, et d'accompagnement des plus vulnérables. En effet, agir sur ces fronts permettrait aux femmes menacées par la précarité de développer leur autonomie et de sortir plus aisément de la précarité.

Enfin, la dernière piste est l'amélioration de l'accompagnement et le soutien des mères isolées. Apporter un soutien social et professionnel aux mères isolées apparaît indispensable et doit constituer une priorité de l'action publique. En fonction des territoires, l'accompagnement est disparate et les moyens ne sont pas identiques pour permettre aux travailleurs sociaux d'aider ces femmes à sortir de leurs situations. Le gouvernement devrait donc donner plus de moyens aux organismes sociaux pour accomplir leurs misions. Cet accompagnement doit porter sur plusieurs dimensions : celle de la formation et de l'accompagnement des bénéficiaires du RSA pour un retour à un emploi de qualité, celle de l'accessibilité à un mode de garde adapté, celle de l'information et de l'accès aux droits, celle enfin de la gestion des conséquences des séparations, notamment l'aide au recouvrement des pensions alimentaires.

BIBLIOGRAPHIE

Alami S., Desjeux D., Garabuau-Moussaoui I., (2013), « Les méthodes qualitatives, Que sais-je ». Editions PUF.

Algava E. (2003), « Les familles monoparentales : des caractéristiques liés à leur histoire matrimoniale ». Etudes et Résultats n°218.

Barbier J.-C. (2005), « La précarité, une catégorie française à l'épreuve de la comparaison internationale ». Revue française de sociologie, Vol. 46 n° 2, pp. 351-371.

Beaud S. et Pialoux M. (1999), « Retour sur la condition ouvrière. Enquête aux usines Peugeot de Sochaux-Montbéliard ». Paris. Éditions Fayard.

Boltanski L. ET Chiapello E. (1999), « Le nouvel esprit du capitalisme ». Ed. Gallimard.

Bresson M. (2007), « Sociologie de la précarité ». Editions Armand Colin. Paris.

Castel R. (2009), « La montée des incertitudes. Travail, protections, statut de l'individu », Editions du Seuil.

Castel R. (1995), « Les métamorphoses de la question sociale. Une chronique du salariat », Paris, Editions Fayard.

Déchaux J.H. (2009), « Sociologie de la famille », Editions la Découverte, Paris.

De Singly F. (1993), « Sociologie de la famille contemporaine », Paris. Editions Nathan.

De Singly F. (1996), « Le soi, le couple et la famille », Paris, Editions Armand Colin.

Drieskens A. (2000), « Familles monoparentales. Quelles solutions? » Fondation Roi Baudouin, synthèse du colloque de Bruxelles.

Eckert H. (2006), « Avoir 20 ans à l'usine », Paris, Éditions La Dispute.

Eydoux A. et Letablier M.T. (2007), « Les familles monoparentales en France », Rapport de Recherche, Centre d'études de l'emploi.

Giacobbi M. et Roux J.P. « Initiation à la sociologie », Editions Hatier, Paris : 166.

Goffman E. (1963), « Stigmate. Les usages sociaux des handicaps », Coll. Le Sens commun, Paris, Éditions de Minuit, 1975, 175 p.

Granovetter M. (2001), « Le marché autrement. Les réseaux dans l'économie ». In Revue française de sociologie, Volume 42 Numéro 2 pp. 381-383.

Institute for Intercultural Dialogue Dynamics (2015), « Le déclin de la famille traditionnelle ».

Letablier M.T. (2011), « La monoparentalité aujourd'hui : continuités et changements », Editions Hal archives-ouvertes.

Lévy C. (2003), « Vivre au minimum. Enquête dans l'Europe de la précarité ». Paris, Éditions La Dispute.

Martin-Papineau N. (2001), « Les familles monoparentales. Emergence, construction, captations d'un problème dans le champ politique français » (1968-1988), L'Harmattan, coll. Logiques politiques, 377 p.

Martiniello M., Rea A. (2011), « Des flux migratoires aux carrières migratoires », In revues Sociologies.

Mercure D., (2001), « Les mutations contemporaines des rapports entre le travail, l'emploi et la famille », dans Conseil de la famille et de l'enfance, Démographie et famille. Les impacts sur la société de demain, Québec, Conseil de la famille et de l'enfance, p. 74-86.

Neyrand G. et Rossi P. (2014), « Monoparentalité précaire et femme sujet », Editions Erès.

Neuburger R. (2005), « Le mythe familial ». Paris. Coll. Art de la Psychothérapie, 4ème édition.

Nicole-Drancourt C. (1990), « Organisation du travail des femmes et flexibilité de l'emploi », Sociologie du travail. Vol. 32, N° 2, pp. 173-193.

Paugam S. (2008), « La régulation des pauvres : Du RMI au RSA », Paris, Ed. PUF.

Paugam S. (1991), « La Disqualification sociale, essai sur la nouvelle pauvreté », Paris, Presses universitaires de France.

Pierret R. (2013), « Qu'est-ce que la précarité ? », In Revues sociologiques, pp. 307-330.

Rosanvallon P. (1981), « La Crise de l'État-providence », Editions Le Seuil.

Revue Sciences Humaines (2002), « Famille et socialisation, qu'est-ce que transmettre ? », Hors-série N°36, mars à mai.

Rogers J. (1989), « Precarious work in Western Europe: The state of the debate », dans Rogers G. & J.

Rogers, Precarious jobs in labour market regulation: The growth of atypical employment in Western Europe, Brussels, International Institute for Labour Studies/Free University of Brussels.

Sayad A. (1991), « L'Immigration ou les paradoxes de l'altérité ». Bruxelles. Éditions De Boeck-Wesmael.

Séchet R., David O. et Quintin P. (2001-2002), « Les familles monoparentales et la pauvreté ». Ed. Les Travaux de l'Observatoire.

Segalen M. et Martial A. (2013), « Sociologie de la famille », Ed. Armand Colin 8ème édition.

Vincent P. (1946), « Le rôle des familles nombreuses dans le renouvellement des générations », In Population, N°1 : 148-154.

A PROPOS DE L'AUTEUR

Marie-Louise ONGA'NTSANG est titulaire d'un master en Ingénierie de Projets en Développement Social et Urbain. Elle travaille depuis 9 ans au sein de la CAF où elle occupe le poste d'Assistante sociale. Forte de cette expérience, elle a effectué ce travail de recherche, afin valider son master, au sein d'une population qu'elle a longuement fréquentée et observée.

A PROPOS DE CE LIVRE

Cette recherche s'intéresse à la relation entre la Famille et l'Etat pour comprendre les mécanismes qui régissent cette relation aujourd'hui. Cette thématique est abordée au travers de l'étude des familles monoparentales bénéficiaires du RSA qui cumulent des situations de précarité de longue durée. Ces familles bénéficient d'un accompagnement renforcé auprès de l'action sociale de la Caisse d'Allocations Familiales de (CAF) de l'Essonne. Les prestations sociales constituent la principale ressource du foyer.

Dans notre terrain d'étude, ces familles donnent à voir un rapprochement étroit entre la monoparentalité et la précarité. Cependant, il est important de souligner que toutes les familles monoparentales ne sont pas toutes concernées par la précarité. La diversité des familles monoparentales observées varie considérablement en fonction de leur trajectoire familiale, personnelle et professionnelle.

Toutefois, les familles monoparentales enquêtées présentent de nombreuses similitudes : des fragilités liées à leurs trajectoires personnelles et familiales, des difficultés économiques, des expériences douloureuses, des parcours de vie difficile ponctués de ruptures familiales et personnelles, des difficultés d'insertion.

C'est pourquoi, leur situation de précarité de longue durée semble être un frein à l'insertion sociale. Les parents seuls, longtemps exclus de la vie active, que nous avons suivis dans le cadre de cette recherche, semble avoir peu de perspectives et de possibilités de sortir de leur situation de précarité.

Pour parvenir à analyser les facteurs qui ont conduit à une précarisation de ces familles, nous posons la question de départ suivante : **pourquoi les familles monoparentales bénéficiaires du RSA, suivies par le service social de la Caisse d'Allocations familiales s'inscrivent-elles dans une précarité de longue durée ?**